PARA COMPREENDER O
MUNDO DIGITAL

Copyright © 2008 by Editora Globo S.A. para a presente edição
Copyright © 2008 by Ethevaldo Siqueira

Preparação e revisão Antonio Faria
Editoração eletrônica Lara Bush
Capa Epizzo Serviços Editoriais
Foto da capa Richard Morrell/Corbis/Latinstock
Foto do autor André Siqueira/Via Papel

Todos os direitos reservados. Nenhuma parte desta edição pode ser utilizada ou reproduzida — por qualquer meio ou forma, seja mecânico ou eletrônico, fotocópia, gravação etc. — nem apropriada ou estocada em sistema de banco de dados sem a expressa autorização da editora.

1ª edição, 2008

CIP-BRASIL. CATALOGAÇÃO-NA-FONTE
SINDICATO NACIONAL DOS EDITORES DE LIVROS, RJ

S628p	Siqueira, Ethevaldo, 1932-
	Para compreender o mundo digital / Ethevaldo Siqueira. - São Paulo : Globo, 2008. il.
	Contém glossário "Resultado da seleção de uma centena de artigos do jornal O Estado de São Paulo e comentários da Rádio CBN" ISBN 978-85-250-4602-4
	1. Sociedade da informação. 2. Tecnologias da informação - Aspectos sociais. 3. Tecnologia e civilização. 4. Comunicações digitais. I. Título.
08-4376.	CDD: 303.4833
	CDU: 316.422
06.10.08 13.10.08	009127

Editora Globo S.A.
Av. Jaguaré, 1485
São Paulo, SP, Brasil
CEP 05346-902
www.globolivros.com.br

PARA COMPREENDER O
MUNDO DIGITAL

ETHEVALDO SIQUEIRA

SUMÁRIO

APRESENTAÇÃO _____ 9

INTRODUÇÃO

Mundo digital e convergência _____ 11

Tecnologias que mudam a vida humana _____ 12

1 ÁUDIO

Em busca do som perfeito _____ 15

Home theater e som surround_____ 23

O som pessoal, do walkman até hoje _____ 25

O rádio em nossa vida _____ 28

2 VÍDEO

Em busca da imagem perfeita _____ 37

Mobilidade: curtindo a TV digital no celular _____ 54

Blu-ray, o dvd que muda nossa vida _____ 55

O futuro da TV segundo o CES 2008 _____ 57

Depois da HDTV, vem a *ultra high definition* TV_____ 58

3 TELEFONIA MÓVEL

Celular é a revolução da mobilidade _____ 61

22 mil dólares por um telefone? _____ 62

As três gerações _____ 64

3G, a nova paixão _____ 66

No Japão, celular é principal meio de acesso à internet_____ 69

Celular até para matar mosquito _____ 71

4 COMPUTADORES

Um quatrilhão de cálculos por segundo _____ 73
Para que supercomputadores? _____ 76
Um pouco de história _____ 78
Software é inteligência armazenada _____ 86
A revolução das ferramentas digitais _____ 86
Computador projeta tudo _____ 88
A magia da virtualização _____ 90
Garantindo a entrega da pizza _____ 93

5 MICROELETRÔNICA E NANOTECNOLOGIA

A revolução do transistor _____ 97
Lei de Moore, um chute genial _____ 102
Para entender a nanotecnologia _____ 106

6 ESPAÇO

Hubble vê os confins do universo _____ 115
GPS, um mercado bilionário _____ 120
Em busca de vida inteligente extraterrestre _____ 123

7 INTERNET

O nascimento da rede mundial de computadores _____ 127
A internet no Brasil _____ 130
Wikipédia, utopia mundial do conhecimento _____ 133
Second Life é um outro mundo virtual 3D _____ 136

8 REDES

Conectividade, a nova aposta de Bill Gates _____ 141
NGNS, as redes inteligentes do século XXI _____ 144
Prepare-se para as super-redes do futuro _____ 146
Rumo à convergência total _____ 148
O mundo virou uma plataforma IP _____ 151
A importância do armazenamento _____ 153
O Brasil na era das redes da banda larga _____ 155

9 CASA DIGITAL

Nossa casa será parecida com a de Bill Gates _____ 159

Controlando tudo com o celular _____ 162

Luz digital de led _____ 164

A privacidade já morreu. Será verdade? _____ 166

10 INCLUSÃO DIGITAL, PESQUISA E DESENVOLVIMENTO

Retrato da inclusão digital no mundo _____ 169

O que a inclusão digital e a educação podem fazer por Ruanda _____ 172

Porto Digital é exemplo de inclusão no Brasil _____ 174

No maior celeiro de invenções do mundo _____ 176

MediaLab revela nosso futuro digital _____ 179

Mundo vive o Big Bang da informação digital _____ 181

11 VISÃO DO FUTURO

Máquinas superinteligentes e homens imortais _____ 185

Dez tecnologias que mudam nossa vida _____ 187

14 mudanças de paradigmas, ao mesmo tempo _____ 190

Dez tendências da convergência digital _____ 193

Para onde vamos? _____ 196

Entre o jornal do futuro e o futuro do jornal _____ 198

Não deixe que a tecnologia domine sua vida _____ 200

GLOSSÁRIO _____ 205

APRESENTAÇÃO

COMO NASCEU ESTE LIVRO

Para compreender o mundo digital é um livro de divulgação de produtos, conceitos e tecnologias digitais. A obra cobre segmentos como áudio, vídeo, TV digital, telefonia celular, microeletrônica, computadores, internet, casa digital e outros – temática principal das colunas que publico semanalmente no jornal *O Estado de S. Paulo* e de meus comentários diários na *Rádio* CBN.

O conteúdo do livro resulta da seleção de uma centena de artigos do jornal e comentários da rádio – devidamente reescritos, atualizados e organizados em capítulos – misturando informação tecnológica com reflexões pessoais para orientação dos leitores.

Escritos em linguagem jornalística, os textos de *Mundo digital* são acessíveis ao leitor não-iniciado, de modo que ele possa entender melhor não apenas as tecnologias da informação e da comunicação e seus produtos, mas, principalmente, as profundas transformações por que passa nossa vida cotidiana sob o impacto das novas tecnologias. O glossário, ao final do livro, visa a ajudar o leitor menos familiarizado com as expressões técnicas a compreender os conceitos principais de telecomunicações, informática e eletrônica de entretenimento.

São Paulo, setembro de 2008

Ethevaldo Siqueira

INTRODUÇÃO

MUNDO DIGITAL E CONVERGÊNCIA

No mundo digital em que vivemos, todas as formas de comunicação e informação — como sons, voz, dados, gráficos, textos, vídeo, fotos e imagens eletrônicas — são hoje representadas por bits, as menores unidades binárias de informação. Bit é a forma abreviada ou reduzida do inglês — *binary digit* — que significa dígito binário.

Com o processo de digitalização ocorrido ao longo dos últimos quarenta anos, tudo se transformou em bits nesse mundo das comunicações, computadores e conteúdos. Por falar a mesma linguagem binária dos computadores, das telecomunicações digitais, todas as formas de conteúdo se fundem ou convergem. Logo, o que chamamos de convergência é a fusão das três grandes áreas das tecnologias da comunicação e da informação — que designamos de forma simplificada por computadores, comunicações e conteúdos.

No setor de comunicações estão o telefone, o celular, os sistemas de transmissão e transporte de voz, dados e imagens. No setor de computação ou de informática estão os computadores, o software e seus sistemas complementares. No setor do conteúdo estão a televisão, as atividades editoriais, o cinema, os bancos de dados e todos os repositórios de informação. A internet é o exemplo mais completo e perfeito de convergência digital, pois associa tanto as tecnologias de computação, como das telecomunicações e múltiplas formas de conteúdos (textos, imagens, sons, dados, gráficos, música, ruídos, etc.).

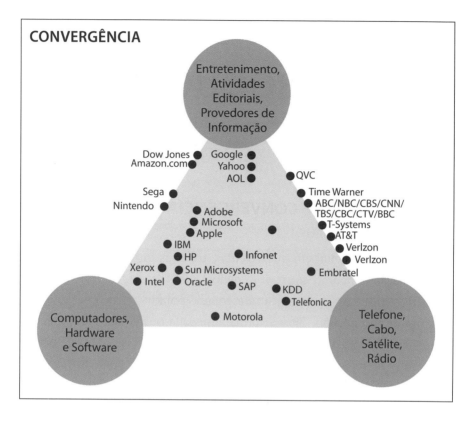

Concepção do especialista canadense Don Tapscott, o gráfico 1 representa a convergência por um triângulo. Em cada vértice está um dos três mundos que se fundem: comunicações, computadores e conteúdo. As empresas se organizam mais próximas de um dos vértices. No vértice superior, do conteúdo, estão três exemplos de empresas — Google, Yahoo e America On Line (AOL) — que trabalham exclusivamente com informações. Essas corporações não poderiam existir há trinta anos, antes do processo de digitalização por que passaram as tecnologias da comunicação e da informação.

TECNOLOGIAS QUE MUDAM A VIDA HUMANA

Como mostra o gráfico 2, o mundo digital em que vivemos é moldado dia a dia pelo menos por dez alavancas tecnológicas, quais sejam: convergência, microeletrônica, computador, software, internet, comunicações sem fio (*wireless*), fibras ópticas, armazenamento de massa (*mass storage*), nanotecnologia e processos de redes (*networking*). Essas alavancas tecnológicas mudam profundamente nossa vida, nosso modo de trabalhar, de estudar e se divertir.

10 ALAVANCAS TECNOLÓGICAS

1. CONVERGÊNCIA	– sinergia de 3 mundos
2. MICROELETRÔNICA	– smaller, faster, cheaper
3. COMPUTADORES	– a grande ferramenta
4. SOFTWARE	– a inteligência nos chips
5. INTERNET	– bilhões na rede global
6. WIRELESS	– o mundo sem fio
7. FIBRAS ÓPTICAS	– transmissão a 400 Tb/seg
8. MASS STORAGE	– armazenando trilhões de bits
9. NANOTECNOLOGIA	– máquinas e robôs moleculares
10. NETWORKING	– tudo em rede

1 ÁUDIO

EM BUSCA DO SOM PERFEITO

Vale a pena rever a história do som gravado para compreender os novos caminhos do áudio do presente e do futuro. Nesse caminho, parece que corremos atrás de um sonho: a fidelidade absoluta — que é como o horizonte. Sempre o vemos ali adiante, mas nunca chegamos lá. Seja ruído, canto de pássaros, voz humana, música instrumental ou percussão de uma escola de samba, o som faz parte de nossa vida. Façamos um retrospecto sintético da evolução do som gravado.

A primeira gravação sonora nasce em 1877, com Thomas Edison, o grande inventor norte-americano. É uma canção infantil chamada *Mary has a lamb* [Maria tem um carneirinho], num processo inteiramente mecânico, em que a agulha de aço percorre o sulco produzido pelas vibrações originais gravadas num cilindro de chumbo.

Nos anos 1880, Alexandre Graham Bell sugere a substituição dos cilindros por discos, chatos, planos, como os conhecemos hoje, por serem mais práticos. Em 1925 surge a gravação elétrica, pomposamente chamada de "gravação ortofônica", para lhe dar um sentido próximo ao que chamamos de alta fidelidade. O som produzido pelos discos ortofônicos — criados pela Western Electric — embora muito melhor do que o dos discos mecânicos, ainda fica muito distante do que chamamos de alta fidelidade. Mas os técnicos da Western consideravam a gravação elétrica tão perfeita e fiel como música ao vivo. Durante quase trinta anos, o mundo convive exclusivamente com esses discos de 78 rotações por minuto (rpm), em dois formatos: um com 20 cm de diâmetro, outro com 30 cm, lidos por agulhas metálicas e muito ruído de fundo.

Em 1948 surgem os Long Playings (LP), com 30 cm de diâmetro e 33,3 rpm, monoaurais, que requeriam agulhas de diamante ou safira para percorrer o fundo de microssulcos, e reproduziam o som com muito mais fidelidade do que nos discos 78 rpm.

Em 1958 chegam os LPS estereofônicos, isto é, com dois canais, um esquerdo e um direito. A evolução da qualidade desses discos inaugura a chamada era da alta fidelidade e do som estereofônico. Mas, por mais fiéis que sejam, os bolachões LPS estereofônicos acabam produzindo ruídos causados pelo pó acumulado em seus sulcos ou por riscos e arranhões da superfície gravada.

É surpreendente, mas ainda hoje, em pleno século XXI, existem pessoas apaixonadas pelos bolachões LPS, o som analógico dos anos 1960 e 1980. É bom reconhecer, no entanto, que as gravações de vinil evoluíram bastante e apresentam melhor qualidade do que há cinqüenta anos.

Em 1982 nasce o som digital do Compact Disc, ou CD, que transforma os velhos LPS em paixão de disc jockeys e colecionadores. Embora tenha mudado muito nas duas últimas décadas, o disco digital compacto ainda oferece alto padrão de fidelidade sonora graças à tecnologia digital chamada *pulse code modulation* (PCM), que toma 44.100 amostras do sinal sonoro por segundo e as converte em números ou códigos de 16 bits. Quantização é o nome que se dá a essa amostragem da onda sonora e sua conversão em número. Essa técnica incorpora ao sinal digital a ser gravado as informações sobre a quantidade de energia da onda sonora, isto é, se são sons fracos, médios, fortes ou fortíssimos.

Com a evolução tecnológica surgem novos formatos digitais, e o CD convencional acaba sendo superado em seus padrões de fidelidade, em especial, por dois novos formatos e tecnologias: o Superáudio CD e o DVD-Áudio.

Muitos especialistas afirmam que o advento de novas tecnologias de gravação, como as de compressão digital (MP3, WMA e outras), condena o CD ao desaparecimento. E, de fato, hoje, pouco mais de vinte anos após seu lançamento, o CD dá sinais de estar morrendo. Porém, não creio que ele irá desaparecer totalmente. É bem provável que, da mesma forma que o barco a vela, que era tão popular até o início do século xix, e se transformou nos iates de luxo, o cd do futuro se transforme no som de elite, dos puristas, que exigem a maior fidelidade possível aos sons originais.

Os especialistas dizem que cd logo morrerá como produto de massa. Mas ele deverá sobreviver como produto de nicho, preferido por uma minoria que exige o melhor padrão de fidelidade. É claro que não serão os mesmos de hoje, mas os seus sucessores, a que poderíamos chamar de Supercds. Da mesma maneira, o dvd, como hoje o conhecemos, tende a ser substituído em cinco anos pelos de alta definição e, num futuro um pouco mais distante, em sistemas de gravação de som e imagem em memórias flash, ou outros meios de armazenamento totalmente diferentes dos atuais.

Dos cds aos Superáudio cds

Lançado comercialmente em Tóquio, em outubro de 1982, e na Europa, em março de 1983, o cd inaugura a era do áudio digital no mundo, e a nova tecnologia tem impacto profundo na indústria. O cd continua evoluindo ao longo dos anos 1980 e 1990. Embora a maioria das pessoas não perceba, ele tem incorporado diversos avanços desde seu lançamento.

Anunciado em 1999 pela dupla Sony-Philips, o Superáudio cd (sacd) é apresentado como algo realmente mais avançado do que o cd convencional. Na verdade, o novo formato não apenas melhora a freqüência de amostragem e o nível de quantização, mas introduz o método de gravação denominado *direct stream digital* (dsd), um conceito inteiramente novo na indústria.

O sacd é um disco híbrido, isto é, gravado em duas camadas, e que pode ser tocado tanto num toca-discos de cds convencionais quanto num de sacds. Ele é lido por dois feixes de raios laser, um inferior, para a gravação digital convencional dos cds, e outro, superior, para a gravação de alta resolução, feita pelo método de codificação dsd.

Em vez de tomar 44.100 amostras por segundo da onda sonora durante o processo de gravação, como os cds tradicionais, o processo

DSD permite recolher mais de 2,822 milhões de amostras por segundo — 64 vezes maior do que a do CD comum —, garantindo uma pureza sonora superior. Na linguagem dos especialistas, obtemos, enfim, um som de alta definição.

Segundo a Sony e a Philips, esse método de gravação utiliza codificação muito mais densa de pulsos, recriando freqüências audíveis em lugar de usar a modulação PCM original dos CDs. Alguns defensores da codificação PCM discordam das grandes vantagens do método DSD, mas, para o ouvinte de música, o essencial é que a qualidade sonora subjetiva dos SACDs é realmente impressionante.

O som gravado dos SACDs cobre uma gama de freqüências que começa abaixo de 20 Hz e vai até 100 kHz. O leitor talvez pergunte: "Como é possível ouvir sons de 100 kHz, se o ouvido humano não ouve nada acima de 20 kHz?". A pergunta tem razão de ser, mas os ultra-sons, em especial os sons harmônicos, que são inaudíveis para o ouvido humano quando emitidos isoladamente, funcionam como elemento auxiliar dos sons audíveis, fornecendo-nos tanto a identidade dos sons quanto a sensação de realismo sonoro. Com esses harmônicos, o som de uma flauta é de uma flauta. O de um violino é de um violino. A voz de Sinatra ou a de Caetano Veloso têm aquela marca inconfundível que nos permite reconhecê-los em dois segundos. Conclusão: são os harmônicos de alta freqüência que conferem aos sons a verdadeira identidade da fonte sonora, sejam instrumentos musicais ou vozes humanas.

Superáudio CD faz renascer violino de Heifetz

Ouvinte apaixonado dos grandes intérpretes do violino, e freqüentador assíduo de salas de concertos, tenho curtido com imenso prazer o SACD, avanço que, além de proporcionar mais fidelidade ao som gravado, permite a recuperação de legendárias gravações, como a que vou comentar a seguir: o relançamento de um disco de quase cinqüenta anos do maior violinista do século XX, Jascha Heifetz.

Mesmo já tendo as duas versões anteriores desse mesmo CD, com dois concertos para violino e orquestra, não resisti ao desejo de comprovar com meus próprios ouvidos a melhoria de qualidade proporcionada pela tecnologia SACD. Nos últimos vinte anos consegui colecionar a maioria dos CDs desse gênio do violino. O único problema é que esses discos, embora de grande valor histórico, têm qualidade técnica sofrível, porque seu conteúdo foi digitalizado a partir de matrizes analógicas dos anos 1930 ou 1940, que tinham muito ruído de fundo. Muito melhores são as matrizes dos anos 1950 e 1960, a partir das quais estão sendo recuperadas as melhores gravações em SACD.

Esse primeiro disco de Heifetz relançado com a nova tecnologia tem uma história curiosa. Foi produzido a partir de fitas originais analógicas de boa qualidade da antiga RCA, com duas interpretações magistrais do grande violinista: o *Concerto Op. 61 em Ré*, de Beethoven, gravado em novembro de 1955, e o *Concerto em Mi menor*, de Mendelssohn, gravado em fevereiro de 1959, ambos com a Sinfônica de Boston, regida por Charles Munch. Eram, na realidade, originalmente, dois LPs. Em 1985, a fita analógica foi remasterizada e transferida pela primeira vez para CD, com muito bons resultados. Em 1998, a matriz foi transcrita novamente para a produção de um segundo CD, no padrão *Living Stereo* (BMG Music), com qualidade ainda melhor. Finalmente, em dezembro de 2004, foi transposta para a nova tecnologia, resultando num SACD simplesmente espetacular, com os recursos adicionais do som surround (5.1) multicanal.

Não me canso de ouvir esse SuperCD. A sonoridade cristalina do violino, um Guarneri del Gesú, nas mãos de Heifetz, é algo que eu não conhecia em nenhuma outra gravação desse virtuose. Tenho curtido essa música, às vezes até de madrugada, no silêncio total da casa, afundado em minha poltrona predileta, vendo, com os olhos da imaginação, o violinista e a orquestra diante de mim.

A qualidade acústica do som é tão boa que me traz até uma emoção parecida com a que senti na única vez em que pude assistir bem de perto a um concerto de Heifetz, tocando esse mesmo concerto de Beethoven, com a Sinfônica de Chicago, então regida por Fritz Reiner. Hoje, quase meio século depois, graças à tecnologia do SACD reencontro e ouço esse gênio do violino em minha sala quantas vezes quiser.

Entre os poucos discos SACD de música erudita de que disponho, posso recomendar os de Isaac Stern tocando os concertos para violino de Tchaikovsky e de Mendelssohn (Sony). Ou Artur Rubinstein tocando baladas e scherzos de Chopin (BMG-RCA Red Seal). Ou George Szell regendo as sinfonias 39 e 40 de Mozart, à frente da Orquestra de Cleveland (Sony). Para quem gosta de jazz, sugiro um SACD de Miles Davis, *Sketches of Spain*, com destaque para seu arranjo sobre o tema do *Concerto de Aranjuez*. Ou Spyro Gyra, com o SuperCD *The Deep End (Heads Up)*. Isso tudo sem falar em gravações mais modernas, feitas diretamente nessa tecnologia, de que é exemplo o SACD *Christmas*, com música de Natal cantada pelo Coro do Tabernáculo Mórmon.

Como aproveitar ao máximo o som surround?

Para obter o máximo de um som surround, siga a orientação técnica que acompanha alguns SACDs, sentado com três alto-falantes à sua frente (esquerda, centro e direita) e dois atrás, à esquerda e à direita. Um sexto alto-falante deve ficar bem atrás, para os sons mais graves (*subwoofer*).

Um DVD só para áudio

Como acontece com os SACDs, o DVD-Áudio (DVD-A) também reproduz a onda sonora com muito mais precisão do que os CDS convencionais. A freqüência de amostragem do DVD-A é de 192 kHz, e não apenas 44,1 kHz dos CDS convencionais. Com isso, a reprodução da onda sonora é muito mais precisa.

Além da precisão da onda sonora, o DVD-A busca maior gama dinâmica, isto é, a gradação de intensidade variando do pianíssimo ao fortíssimo. Enquanto a amostragem da freqüência do som confere maior naturalidade ou fidelidade, a gradação de intensidade proporcionada pela quantização assegura maior realismo aos sons.

Nos CDS convencionais, a quantização é de 16 níveis. No DVD-A, utiliza-se a quantização ou codificação dinâmica de 24 bits. Com isso, obtém-se muito maior realismo sonoro. É o que os especialistas chamam de "som multicanal de alta definição".

A pureza do som gravado depende, em grande parte, da relação sinal/ruído. Quanto menor for o ruído de fundo e maior for a dinâmica do sinal, melhor será o resultado e a sensação auditiva do ouvinte. Comparemos agora, nesse aspecto, o SACD com o DVD-A.

Enquanto os melhores CDS têm uma relação sinal/ruído de 90 dB, o SACD assegura gama dinâmica de 120 dB. E, por sua capacidade de armazenamento de informação quase cinco vezes superior à de um CD convencional, o SACD pode oferecer também a opção da reprodução em seis canais, no caso do surround digital 5.1, em home theater.

Sua relação sinal/ruído equivale à do SACD, isto é, 120 dB. Oferece ainda a opção entre dois canais estéreo ou surround digital de seis canais, tanto nos padrões dolby quanto *digital theater system* (DTS).

O DVD-A utiliza exclusivamente para áudio a capacidade de armazenamento do DVD de 5 gibabytes, ou seja, sete vezes maior do que a de um CD comum. Isso lhe permite dar outro tratamento à onda sonora, bem como incluir na gravação informações adicionais, como biografias de artistas, letras das canções, fotos dos intérpretes ou compositores e mesmo videoclipes.

A evolução do CD e do DVD tem criado diversas variantes desses formatos, como o DVD-Audio-Video 96/24/5.1, que é um DVD-A com amostragem de 96 kHz, em 24 bits com os seis canais surround.

Entre os melhores discos que já ouvi, menciono dois exemplos excelentes dessas variantes de SACDS Super Hi-Tech. O primeiro é um DVD-Audio-Video 96/24/5.1 com a gravação dos *Concertos de Brandenburgo* n° 3 e n° 5 de Bach, com a Orquestra Romena George Enescu, regida por Cristian Mandeal (AIX Records). Outro exemplo magnífico é o SACD Sony Classical, com gravação da violinista Midori de duas obras de Mozart: a *Sinfonia Concertante em Mi Bemol* (K364) e o *Concerto em Ré Maior para Violino e Piano*, K. Anh. 56 (315f), com o pianista Christoph Eschenbach.

O futuro do som pós-CD

Dois fatores contribuem para expulsar o CD do mercado de massa. O primeiro deles é a internet — que abre caminho para a mudança total de paradigmas no tocante à propriedade intelectual e aos direitos autorais. O segundo é a evolução tecnológica, que cria novos formatos digitais, baseados em especial nas técnicas de compressão digital, como o MP3 e similares.

Embora o CD esteja com os dias contados como produto de massa, não significa que o áudio — como som gravado de alta qualidade — vá desaparecer. Ainda por décadas haverá espaço para o CD ou DVD-A e outros formatos de alto padrão. Embora sejam mercados de nicho, sempre haverá pessoas interessadas na aquisição desses produtos.

Os sistemas mais avançados de áudio evoluem em duas direções. A primeira rumo aos novos home theaters, frutos do casamento do som mais sofisticado, multidirecional e envolvente (surround), com a imagem digital. A segunda, rumo aos novos conceitos de sistemas compactos, integrados, de microssistemas estéreo, áudio portátil, extremamente fáceis de operar e a preços acessíveis, resultado do processo de convergência de tecnologias.

A essa segunda linha eu chamo de "pequenos notáveis", porque atende às aspirações da grande maioria dos consumidores, em especial os mais jovens. É nessa linha de produtos que mais atua o processo de convergência digital, com crescente fusão de tecnologias que caracteriza a eletrônica de entretenimento de nossos dias.

A convergência é a grande alavanca das mudanças. Um dos melhores exemplos dessa fusão de tecnologias é, sem dúvida, a internet. Associando três segmentos — computador, telecomunicações e multimídia — a internet atua em escala mundial como meio de difusão de todos os tipos de conteúdos de informação: som, voz, dados, textos, gráficos, vídeo e imagens em geral.

ÁUDIO

HOME THEATER E SOM SURROUND

Exploremos aqui as tendências do home theater. Os puristas do vernáculo não gostam desse nome, que veio para ficar. Como chamá-lo em português? Cinema doméstico? Sistema audiovisual? Teatro eletrônico? Multimidia doméstico? Nada disso pegará, creiam.

O home theater se consolidou no mundo nos anos 1990. No Brasil, ele é mais recente. Começou a chegar à classe C por volta de 2001, com a popularização dos DVDs. Hoje, os sistemas mais sofisticados associam todos os recursos da imagem digital ao som surround disponíveis para conferir mais realismo, emoção e espacialidade aos espetáculos audiovisuais.

Mesmo os poucos usuários que ainda conservam e atualizam seu sistema de som modular — com processador digital de áudio, numa sala especial, numa bela estante ou rack — já decidiram aderir ao home theater para suas sessões de jazz ou de música clássica, além de filmes e TV.

O home theater nos comprova que o som e a imagem digitais casaram-se para sempre. Todo espetáculo se enriquece com as imagens do intérprete, do conjunto instrumental, do coro, da orquestra e do maestro. É nessa direção que a tecnologia do DVD revoluciona a música como lazer e entretenimento.

E som surround? O primeiro efeito surround do mundo foi tentado por Walt Disney em 1938, durante a produção do filme *Fantasia,* com o uso de três microfones para dar a sensação mais realista do vôo de um zangão em torno do próprio Disney. Outra experiência, em plena era da alta fidelidade dos LPS, foi a dos discos quadrafônicos, que não obtiveram muito sucesso por falta de padronização do sistema.

O impacto do som surround digital de boa qualidade é inesquecível, maior ainda do que o que sentimos ao ouvir pela primeira vez o som digital dos CDS, ou, para os mais velhos, a sensação do estereofônico, por volta dos anos 1960.

O surround digital tem relevo espacial e parece vir de muitas direções, como se estivéssemos diante de pontos distintos, como diante de um conjunto instrumental de jazz ou de música clássica tocando ao vivo à nossa frente. E mais: um pequeno atraso de alguns centésimos de segundo entre a emissão dos alto-falantes nos dá a gostosa ilusão de estarmos num grande auditório.

Há quem preveja até que o som surround digital venha a ser o som do futuro, tal o seu realismo e a sensação de espacialidade tridimensional que nos transmite, imitando até o ambiente acústico das mais famosas salas de concerto do mundo, tais como o Carnegie Hall, de Nova York, o Concertgebow, de Amsterdã, ou o incrível auditório do Tabernáculo dos Mórmons, em Salt Lake City, nos Estados Unidos.

O cinema já utilizava o surround desde final dos anos 1950, em sua forma primitiva, analógica, com som direcional em dois canais. Mas o que surge agora supera todas as expectativas.

Nessa linha de multicanais, uma das novidades mais interessantes é o fato de alguns laboratórios norte-americanos já terem desenvolvido sistemas de gravação de sete canais que podem ser tocados num toca-discos acoplado ao nosso sistema convencional de home theater de cinco alto-falantes, mesmo numa salinha de três por quatro metros, proporcionando a incrível sensação de estarmos numa grande sala de concerto. Se quisermos simular ambientes externos, tais como os dos concertos ao ar livre no Parque do Ibirapuera ou do Central Park, basta adicionar dois alto-falantes do tipo subwoofer aos cinco do sistema convencional de home theater, sendo um frontal e um no teto sobre a cabeça do ouvinte.

Novos sistemas já gravam um disco DVD-A, com os atrasos determinados na emissão dos sons, usando sete microfones, correspondentes a sete alto-falantes, para dar ao ouvinte a sensação mais próxima de uma sala de concerto ou ambiente externo. Com isso, o ouvinte não precisa escolher um lugar privilegiado para ter a melhor sensação dessa espacialidade. Em qualquer ponto da sala ele terá a mesma sensação de grande auditório. E, melhor ainda: o novo disco DVD-A pode ser tocado em qualquer sistema doméstico de DVD ou home theater de cinco alto-falantes.

ÁUDIO

O SOM PESSOAL, DO WALKMAN ATÉ HOJE

A partir de 1979, o som portátil ganhou nova força com o lançamento, naquele ano, do *walkman,* da Sony. Embora para quase todo o mundo o walkman seja considerado uma criação da Sony, seu inventor foi o teuto-brasileiro Andreas Pavel, em 1972, que lhe deu o nome original de *stereobelt,* e o patenteou em 1978, nos Estados Unidos. Depois de um longo processo judicial, a Sony reconheceu que Pavel foi o criador do walkman e pagou-lhe as indenizações devidas.

Com fones de ouvido de alto ganho e melhor relação sinal-ruído, milhões de jovens e adultos passaram a usar aqueles portáteis nos lugares mais diversos. Um dos pontos fortes do walkman era exatamente o fone de ouvido, construído à base de um composto de neodímio, ferro e boro, material que permitia fabricar o mais forte dos ímãs até então criados, superiores aos de samário-cobalto.

Depois do walkman veio o *discman,* um CD player portátil, produto que dominou o mercado até 2002. Esse foi, em minha avaliação, um dos equipamentos de maior sucesso de som pessoal para ouvir rádio FM ou música gravada. Sempre levava comigo o pequeno toca-CDS-MP3, um modelo que me permitia também ouvir o som dos canais de TV, rádio AM e FM onde estivesse, em viagem, no hotel, no campo, no avião, ou mesmo em casa.

O *iPod,* lançado pela Apple em 2002, e os tocadores de música MP3 em geral vieram substituir praticamente o discman, como este havia substituído o walkman. Hoje, quase não uso os CDS de minha vasta coleção, mas, sim, meu iPod. Não saio em viagem sem ele, pois ali estão armazenadas cerca de 1.500 músicas, escolhidas entre meus CDS preferidos, e transpostas com taxa de amostragem de 128 quilobits por segundo (KBPS).

Sei que os audiófilos ortodoxos torcem o nariz diante dessa confissão, mas não é para eles que recomendo MP3, e sim para a grande maioria dos mortais. E mais: não tenho queixas do som digital dos iPods. Desde que gravado com taxas de amostragem da ordem de 128 ou 196 KBPS, o som dos iPods em MP3 é bem melhor do que o som da maioria dos sistemas domésticos dos anos 1970 ou 1980. O som digital eliminou os ruídos e chiados dos velhos discos LPS, e os fones de ouvido agora têm boa resposta de freqüência.

Dotados de fones de ouvido de neodímio de alto desempenho e de sistemas portáteis, minúsculos, estamos diante de uma verdadeira revolução tecnológica do som gravado. E é bom lembrar que existem no mercado mais de 100 modelos de tocadores de música MP3, com capacidade de armazenamento de fotos e vídeo e recepção de rádio FM.

A evolução do iPod da Apple foi impressionante. Assim, em 2007 nasce o *iPod touch,* sem teclas, apenas com uma tela sensível ao toque, com a mesma tecnologia do celular *iPhone.* O iPod Touch é um multifuncional com tela de quase 9 cm de diagonal, sensível ao toque e até a gestos de nossos dedos para acionar todos os comandos. É a tecnologia *multi-touch,* que "funciona como mágica", nas palavras de Steve Jobs.

Multi-touch é o mesmo que sensibilidade multitoque, uma tecnologia que torna tudo mais simples, mais humano. E que poderá se transformar em interface padrão para a maioria dos celulares, MP3 players, PDAS (Personal Digital Assistant, ou agenda eletrônica pessoal) e outros portáteis. Em lugar de usar teclados minúsculos, sem muita funcionalidade, passamos a tocar a tela com os dedos, e a fazer movimentos ou gestos para ampliar ou diminuir as imagens, dar mais contraste, regular a luminosidade, elevar o volume e escolher outras funções.

O menu da tela do iPod Touch tem as opções como internet (Safari), Youtube, calendário, música, vídeo, fotos, downloads (iTunes), contatos (agenda de endereços) e controles (especificações).

As quatro qualidades do som

Para melhor compreensão do som gravado e, acima de tudo, do conceito moderno da alta fidelidade, precisamos, antes de mais nada, rever algumas noções básicas de acústica. A primeira delas refere-se às quatro qualidades do som: altura, intensidade, duração e timbre.

Altura diz respeito à freqüência dos sons, ou seja, pelo seu número de vibrações por segundo. Quanto menor for a freqüência, mais grave é o som. Quando maior a freqüência, mais agudo. Segundo esse critério, os sons são classificados em graves, médios e agudos. Os sons mais graves percebidos pelo ouvido humano têm freqüência de 20 Hertz, ou 20 ciclos por segundo. Embora não haja uma classificação rígida, são considerados sons graves aqueles situados na faixa que vai de 20 Hz a 200 Hz. A faixa dos sons médios situa-se entre 200 Hz e 1.500 Hz (ou 1,5 kHz). Acima de 1.500 Hz até 20 mil Hz (20 kHz) situam-se os sons agudos. Acima dessa freqüência estão os ultra-sons.

Teoricamente, o limite superior da audição humana situa-se em 20 kHz. Na realidade, raríssimas são as pessoas que percebem sons acima de 15 kHz. As crianças têm maior acuidade auditiva para as freqüências elevadas do que os adultos. Habitantes do campo, cujos ouvidos não são submetidos ao bombardeio de ruídos das cidades ou das fábricas, também têm maior acuidade auditiva do que os citadinos. Certos animais são capazes de ouvir ultra-sons. O cão ouve sons de até 50 kHz. Os morcegos, de até 150 kHz.

Quanto à *intensidade,* os sons podem ser fracos ou fortes. O que conta aqui é a energia sonora, que é medida em decibéis. Um decibel, ou dB, é um décimo de um Bel, unidade de energia sonora, cujo nome foi dado em homenagem a Graham Bell, o inventor do telefone. No glossário explicamos bem o significado da escala em decibéis, que é uma escala logarítmica. Advertência: não confunda som alto com som forte. Em música ou em acústica são coisas diferentes.

Além da intensidade de um som ou sinal sonoro, é preciso considerar a *relação sinal-ruído,* isto é, a sua relação com o ruído de fundo. Observe os exemplos seguintes. Quando conversamos numa sala cheia de pessoas, o ruído de fundo nos obriga a falar mais alto. Numa casa noturna, do tipo discoteca, somos obrigados a berrar. Contrariamente, numa sala silenciosa podemos cochichar, porque o ruído de fundo é muito menor. Um disco ou um equipamento, por melhor que seja, introduz um certo nível de ruído de fundo.

Os melhores discos de vinil, os bolachões ou LPS, têm um relação sinal-ruído de 62 dB. Os CDS convencionais chegam a 90 dB. Outros meios de gravação digital podem chegar a 103 dB, o que significa uma pureza sonora inigualável para o ouvido humano.

Do ponto de vista da *duração*, uma nota musical pode ser curta ou longa. Num compasso quaternário, a semibreve dura quatro tempos, a mínima dois tempos, a semínima um tempo, a colcheia meio tempo (1/2), a semicolcheia um quarto (1/4), a fusa um oitavo (1/8), a semifusa um dezesseis avos (1/16).

O *timbre* é a qualidade que nos permite distinguir sons de mesma freqüência produzidos por fontes sonoras diferentes, como, por exemplo, quando diferenciamos uma nota lá-3 (440 HZ) de um violino, da mesma nota lá-3 de uma flauta ou de um piano. Como? Entre outros fatores, o que faz a diferença entre essas notas musicais e dá identidade aos sons são os chamados "sons harmônicos", que determinam a forma da onda senoidal de cada som. O primeiro harmônico tem freqüência dobrada em relação à nota ou som musical básico. O segundo harmônico tem uma vez e meia a freqüência fundamental. Há muitos outros harmônicos, com freqüências duplas, triplas ou quádruplas do som fundamental, que atuam sobre o timbre do som resultante. O conjunto de harmônicos permite que identifiquemos a voz das pessoas e praticamente todos os sons que nos cercam.

O RÁDIO EM NOSSA VIDA

A comunicação sem fio está cada dia mais presente em nossa vida. Eu já não saberia como viver sem a mobilidade e liberdade que permite o celular. Sem a informação instantânea da internet, ou sem a comunicação eletrônica audiovisual a qualquer hora em qualquer lugar. Embora muita gente não preste atenção nessa área, a comunicação sem fio é algo quase mágico, como foi a reação mundial diante da primeira transmissão de sinais telegráficos sobre o Atlântico, em dezembro de 1901, por Marconi, como acontece hoje diante dos milagres da convergência digital.

Pelo rádio, Goebbels e Hitler berravam diariamente aos ouvidos de milhões de alemães pregando suas idéias insanas. Pelo rádio, a Segunda Guerra parecia estar muito mais próxima de nós, pois meus pais acompanhavam quase todas as noites o noticiário internacional em português da BBC de Londres, que reproduzia até a voz do general Charles de Gaule, incentivando da Inglaterra a resistência francesa. Essa proximidade do conflito mundial era tão grande que eu me lembro até hoje do noticiário dos bombardeios de Londres de 1940, quando eu tinha apenas 8 anos, mas já acompanhava, assustado, a descrição dos piores ataques aéreos impostos por Hitler à capital britânica. Nos ares, a grande batalha entre os caças Spitfire ingleses e os Stukas alemães.

Nessa época, o grande escritor de ficção, Arthur Clarke, engenheiro de telecomunicações do British Post Office, trabalhava no desenvolvimento do primeiro radar inglês, chamado naquele tempo de *direction finder*. "Graças a esse avanço — conta Clarke — a artilharia britânica chegou a abater mais de 200 aviões alemães numa única noite."

Pelo rádio, os paulistas acompanharam a Revolução de 1932, ouvindo os discursos inflamados de César Ladeira e Ibrahim Nobre, de madrugada, na Rádio Record. Anos depois, na escola primária, minha classe era instada a ouvir toda noite, das 8 às 9 horas, o monólogo autoritário da Hora do Brasil, do Departamento de Imprensa e Propaganda da ditadura Vargas.

Pelo rádio acompanhamos a redemocratização do Brasil em 1945, e no futebol, choramos na mais dura derrota da seleção brasileira na Copa de 1950, no Rio. Pelo rádio tivemos que engolir o discurso da ditadura militar nascida em 1964. Pelo rádio festejamos o Brasil campeão da Copa de 1958, em Estocolmo. Quatro anos depois vibramos com o bicampeonato mundial, no Chile. Em 1966, o vexame. Em 1970, no México, o tricampeonato, com televisão direta pela primeira vez. A alegria popular explodiu, sufocando os gritos da tortura que a censura impedia de ser denunciada à nação.

As telecomunicações nasceram com fio. Primeiro com o telégrafo, depois com o telefone. Com as ondas hertzianas vieram o rádio e a televisão.

Por fim, com a convergência digital, internet, multimídia e as redes sem fio fazem uma revolução silenciosa, levando os benefícios das telecomunicações aos confins do planeta. Rádio em inglês é sinônimo de *wireless* (sem fio). Ao nos libertar do cabo, o rádio tornou o mundo pequeno e democratizou a comunicação.

Nos últimos anos assistimos à explosão do celular e das redes locais sem fio. A rede Bluetooth integra dispositivos e periféricos de computador, em pequenas distâncias. A rede Wi-Fi cobre distâncias maiores, de até 50 metros, mas em alta capacidade. A rede Wi-MAX, a mais recente delas, talvez seja a grande rede local sem fio do futuro, um novo padrão para acesso wireless de longo alcance. Ela deverá ser a alternativa mais poderosa que as atuais Wi-Fi. Para mais informações sobre as redes, queiram consultar o capítulo 8 deste livro.

O rádio nasceu em 1894 na Avenida Paulista

O que tem a ver a Avenida Paulista com as comunicações? Muita coisa. Essa via pública, inaugurada em 1891 pelo prefeito Joaquim Eugênio de Lima, foi palco dois anos depois para uma demonstração pioneira do padre inventor brasileiro Roberto Landell de Moura, que ali fez a primeira transmissão sem fio da voz humana no mundo, cobrindo a distância de oito quilômetros que a separa da colina de Santana.

É provável que muitos leitores nunca tenham ouvido falar no padre Roberto Landell de Moura. Na realidade, poucos são os que conhecem o trabalho pioneiro desse grande inventor brasileiro. De qualquer forma, vale a pena saber um pouco mais sobre a vida e o trabalho desse padre gaúcho, que, antes de Guglielmo Marconi, fez experiências bem-sucedidas de transmissão sem fio da voz humana e de sinais telegráficos pela atmosfera.

Convenci-me ainda mais dos méritos e do valor desse inventor após a leitura do livro do jornalista Hamilton Almeida, *Padre Landell de Moura: um herói sem glória* (Editora Record), o mais completo trabalho biográfico sobre esse sacerdote e cientista. Lembro-me da primeira biografia que li desse padre genial no início dos anos 1970, de autoria de seu conterrâneo, Ernani Fornari, publicada em Porto Alegre, em 1960, pela Editora Globo, sob o título de *O incrível padre Landell de Moura*.

Fornari me provou que sua tese não era patriotada, tal a quantidade de documentos e testemunhos apresentados. Desde 1970, portanto, já me havia convencido de que o padre Landell teve realmente todos os méritos para ser considerado um dos precursores mais notáveis do rádio e da comunicação sem fio no final do século xix e começo do século xx, especialmente por ter feito em 1893 e 1894 diversas transmissões da voz humana, entre a recém-inaugurada Avenida Paulista e a colina de Santana, em São Paulo, numa distância superior a oito quilômetros.

Paulista de Guarulhos, jornalista experiente e pesquisador sério, Hamilton Almeida começou sua carreira jornalística em revistas técnicas, e viveu em Porto Alegre nos anos 1980. Durante cerca de oito anos, foi correspondente de jornais brasileiros em Buenos Aires. Desde 1976, quando se apaixonou pelo tema, vem estudando e pesquisando a vida do padre Landell, sobre quem já publicou dois outros livros: *A saga do Padre Landell* (Editora Sulina) e *Landell de Moura* (Editora Tchê/rbs, Coleção Esses Gaúchos).

Mesmo com essas contribuições, o autor só ganhou maior atenção no Brasil após a publicação de seu último livro na Alemanha, quando, num congresso de radioamadores no ano 2000, o editor alemão Heinz Prange, fascinado pela história do padre Landell, decidiu publicar o livro, com o título de *Pater und Wissenschaftler* [Padre e cientista].

Com seu trabalho de pesquisa biográfica, Hamilton Almeida comprova que o padre Landell foi não apenas precursor do rádio, mas também da televisão e do teletipo. É impressionante o número de assuntos e temas científicos em que se envolveu, nas áreas de telecomunicações e eletricidade. Aperfeiçoou o sistema de telegrafia sem fio e conseguiu a primeira transmissão de uma mensagem em ondas contínuas, cujo desempenho é muito superior ao das ondas amortecidas utilizadas por outros cientistas nos primórdios do desenvolvimento das telecomunicações via rádio. Sua intuição era tão avançada que chegou a prever a fotônica, ou seja, a possibilidade de transmissão de informações através de feixes luminosos.

A ignorância e os preconceitos dominantes na sociedade em que vivia chegaram, contudo, até a incentivar e a promover a destruição de seus equipamentos experimentais, como se fossem instrumentos de bruxaria. Nunca obteve o reconhecimento e o apoio de autoridades civis ou eclesiásticas. A Igreja católica, aliás, lhe fez sérias advertências e o ameaçou de excomunhão por causa de suas pesquisas científicas, consideradas demoníacas por fiéis e superiores. Incompreendido e perseguido, sem apoio para continuar seus trabalhos, foi para os Estados Unidos, onde registrou patentes de seus inventos, retornando ao Brasil em 1904.

Roberto Landell de Moura nasceu em Porto Alegre, em 21 de janeiro de 1861. Teve formação eclesiástica em Roma e foi ordenado sacerdote em 1886. No Brasil desempenhou atividades religiosas em São Paulo, Santos e Campinas, retornando a Porto Alegre, onde morreu em 30 de junho de 1928.

Rádio digital ainda é um sonho distante

Bem diferente do sucesso de qualidade da TV digital é a situação do rádio digital no Brasil. Os testes realizados pelas emissoras ao longo dos últimos dois anos com o padrão americano *in band on channel* (IBOC) ainda deixam muito a desejar quanto à qualidade.

O maior desafio, no entanto, está na produção de receptores a preços acessíveis no Brasil. Basta lembrar que, nos Estados Unidos, esses aparelhos com tecnologia IBOC são vendidos ao consumidor a US$ 150, mais impostos, o que equivaleria a cerca de R$ 300, sem incluir impostos.

Mesmo supondo que o Brasil venha a conseguir o milagre de fabricar produtos eletrônicos pelo mesmo custo da indústria norte-americana, o preço de R$ 300 ainda seria inacessível para a esmagadora maioria da população. E, levando-se em conta que o Brasil deverá optar por dois padrões — o IBOC para as faixas de AM e FM, e o DRM europeu para ondas curtas — o preço final do receptor deverá ser ainda mais alto.

Uma pesquisa feita entre fabricantes mostra que apenas a lista de materiais e componentes de um receptor popular já custa entre US$ 60 a 70, e isso sem incluir as despesas de importação. Se somados todos os custos de produção, como impostos, transformação, distribuição, assistência técnica, margem da indústria e do varejo, o preço final do receptor de rádio digital brasileiro poderia superar hoje R$ 450 — o que é um absurdo.

E nesse valor não estão incluídos os royalties de, no mínimo, US$ 6 por receptor a serem pagos à Ibiquity, empresa dona da tecnologia. Por todas essas razões, a previsão do ministro de receptores digitais a R$ 60 ou a R$ 70, no varejo, não passa de um sonho.

Além dessa questão, a introdução do rádio digital no Brasil enfrenta dois desafios. O primeiro refere-se ao consumo de bateria muito elevado com a tecnologia IBOC, o que inviabiliza a produção de receptores portáteis. Os protótipos de rádios portáteis desenvolvidos até aqui consomem a energia da bateria em três ou quatro horas de uso. Por isso, só existem rádios fixos para uso doméstico, e receptores para automóveis, com alimentação permanente.

Segundo desafio: ainda não foi inventado nenhum chip ou conversor digital-analógico de baixo custo capaz de permitir a sintonia de emissoras de rádio digitais em receptores analógicos no padrão IBOC ou outro, à semelhança dos conversores para TV digital.

Vivi duas experiências interessantes sobre rádio digital em viagem feita no início de 2008 aos Estados Unidos: uma ótima e outra ruim. Comecemos pela boa experiência. É provável que o leitor tenha conhecimento dos serviços de rádio digital por assinatura via satélite. Há duas empresas que exploram esses serviços e operam nos Estados Unidos desde 2003. A primeira é a XM, com 170 canais, programação totalmente diversificada, com música pop, jazz, clássico, ópera, notícias, esportes, serviços e outros. A segunda é a Sirius, com 193 canais.

Meu primeiro contato com o rádio digital via satélite ocorreu há dois anos, numa viagem de carro, na Califórnia. Em janeiro de 2008, repeti a experiência, comprovando a evolução dos serviços, com canais regionais exclusivos para apoio e orientação dos viajantes, informações sobre situação das estradas, sobre eventuais acidentes, localização de postos de gasolina, restaurantes, hotéis e outros serviços.

Os serviços da XM e da Sirius passaram a ser rentáveis em 2007, especialmente depois que a indústria automobilística decidiu apoiar o projeto, incorporando o receptor de rádio via satélite aos carros novos de melhor padrão. Ambas as operadoras cobram uma mensalidade de US$ 12,95, sem qualquer limitação de uso.

No pequeno receptor acoplado ao rádio do carro são mostradas informações sobre a música, autor e intérprete. A qualidade de som equivale à dos melhores CDs. Nenhuma interferência, tudo límpido, para satisfazer até o ouvinte mais exigente de música clássica.

Para alcançar massa crítica e reduzir custos, XM e Sirius decidiram fundir-se e aguardam a aprovação do negócio pela Comissão Federal de Comunicações.

Muito menos positiva foi minha experiência com o rádio digital das emissoras abertas, em AM e FM, com o uso do padrão IBOC ou HD Radio criado pela empresa Ibiquity. Nesse padrão, o mesmo programa é transmitido simultaneamente, no mesmo canal, tanto no modo analógico quanto no digital.

O maior problema do padrão IBOC é a sua falta de estabilidade ou homogeneidade. Ironicamente, alguns radiodifusores dizem que "ele é ótimo quando funciona". Ouvindo algumas emissoras norte-americanas, pude comprovar que o melhor resultado ocorre nas cidades pequenas, em regiões planas e sem grandes obstáculos. No entanto, várias emissoras de AM desligam o sistema digital à noite para evitar interferências.

Em FM, ocorre, entre outros, o problema do atraso (*delay*) de oito segundos do sinal digital em relação ao analógico. Como o alcance do sinal digital é menor do que o analógico nos limites de sua propagação, a sintonia oscila entre um e outro, com grande desconforto para o ouvinte.

É bom lembrar que, das quase 15 mil emissoras de rádio dos Estados Unidos, apenas 10% aderiram ao sistema híbrido IBOC até a metade de 2008, mais de seis anos após sua introdução naquele país. Muito menor ainda é a proporção de usuários que decidiram adquirir um receptor digital, cujo menor preço oscila entre US$ 150 e 200.

A introdução do rádio digital tem sido um desafio em todo o mundo. Para que a tecnologia pudesse produzir o melhor resultado seria necessário criar uma faixa de freqüência exclusiva para as transmissões digitais. Essa estratégia exigiria a troca de todos os receptores analógicos por receptores digitais.

A idéia de usar o mesmo canal para transmissões analógicas e digitais, adotada pela empresa Ibiquity, parecia ser, em princípio, a grande saída. Mas essa tecnologia ainda não está madura e apresenta os problemas descritos aqui. Na Europa são propostas novas faixas de freqüência exclusivas para o rádio digital, o que, no entanto, obriga à troca geral dos receptores.

Conclusão: ainda temos que esperar uma solução melhor que as disponíveis no mundo atual.

2 | VÍDEO

EM BUSCA DA IMAGEM PERFEITA

Confira aqui as grandes tendências do vídeo: TV digital, TV de alta definição (HDTV), SuperHDTV, DVDs Blu-ray, home theater e TV sobre protocolo IP (IPTV).

Numa pesquisa conduzida pela TeleQuest, em São Paulo, em novembro de 2007, uma das conclusões surpreendentes era a de que 82% dos entrevistados das classes A e B não tinham a menor noção do que é TV digital. Nas classes C e D, esse percentual chega a 97%. Assim, mesmo que o leitor tenha certeza em suas noções e conceitos sobre TV digital, é bom que leia este capítulo para conferir seus conhecimentos sobre a nova tecnologia.

Pergunte-se, então: o que é TV digital? Antes de responder a essa questão, vale a pena relembrar que, a rigor, a digitalização da TV já chegou aos estúdios e aos sistemas fechados, com as imagens transmitidas na TV a cabo, via satélite ou via microondas terrestres. Mas não é dessa TV digital, a dos estúdios, a TV a cabo ou por assinatura em geral de que vamos falar, e sim da TV digital aberta, transmitida pela atmosfera para livre recepção de todos os que dispõem de receptor. Na expressão mais rigorosa dos técnicos, ela é chamada de "radiodifusão digital de sons e imagens". E para esclarecer mais: radiodifusão é o mesmo que *broadcasting*, quer dizer, difusão de programas para recepção livre e gratuita por todos os habitantes de uma região.

Popularmente, a TV digital se caracteriza por uma imagem de qualidade superior e por um som tão puro quanto o dos melhores CDs. Ultrapassando largamente a simples idéia de inovação no som e na imagem, a TV digital talvez seja, no longo prazo, o começo de uma nova era na comunicação de massa. Segundo prevêem os visionários da eletrônica de entretenimento, em dez ou quinze anos, cada televisor digital será para o telespectador brasileiro uma via de acesso à auto-estrada da informação, abrindo caminho para a interatividade, mudando passo a passo os hábitos do cidadão, até aqui acostumado à hipnose da televisão unidirecional.

Muito além da mera evolução da TV analógica, ou de um televisor com ótima imagem e som extraordinário, a TV digital vai trazer a possibilidade de interação com o cidadão ao permitir a criação de uma plataforma multimídia doméstica. Com isso, o televisor digital passará a ser um verdadeiro terminal que permitirá ao telespectador interagir com o mundo, comprar e ter acesso cada dia mais amplo à informação.

No médio ou longo prazo tudo poderá estar a um click de distância de cada usuário via TV digital, esteja ele onde estiver, em casa, no carro, no metrô ou no celular. Para repetir um exemplo mais citado, o do comércio eletrônico, imagine que você esteja assistindo a uma determinada novela e que o galã esteja tomando um vinho que você adoraria experimentar. Não perca tempo: aponte o controle remoto e dê um click na garrafa que está na tela, sobre a mesa. O programa de TV é congelado, abre-se uma janela no vídeo e você poderá saber a marca e o preço do vinho, onde comprá-lo ou já encomendá-lo para entrega em sua casa. Para fazer o pedido, basta apertar um botão do controle remoto e o decodificador numérico se encarregará do resto. Em pouco tempo o seu pedido será entregue em sua residência.

O mundo ainda não vive esse tipo de interatividade, a não ser em casos isolados ou experimentais. Os otimistas apostam nesse futuro convergente da TV digital, pois ela poderá utilizar simultaneamente as redes de TV, telefônica e de computadores, que inclui a internet. Até recentemente, essas redes eram praticamente independentes. Nos últimos anos, elas se fundiram no processo de convergência. Em futuro muito próximo, todas deverão estar unificadas em uma só rede multimídia, com a integração definitiva de televisor, telefone e computador.

VÍDEO

Qual é a diferença entre tv analógica e digital?

O sinal analógico se caracteriza por uma onda contínua, que contém modulação (um conjunto de informações) análoga ao sinal de origem (áudio ou vídeo). O Brasil vive o momento da chegada da tv digital. Por limitação da banda de freqüência, a resolução do sinal de vídeo e a qualidade de áudio sempre estiveram confinadas dentro deste espectro, impedindo qualquer melhoria dos serviços oferecidos. Não é por outra razão que, notadamente, neste modelo quase nada evoluiu nas últimas três décadas.

O marco mais importante da história da televisão analógica foi a chegada da televisão em cores. No caso brasileiro, esse avanço aconteceu em fevereiro de 1972. De lá para cá, mesmo com todos os avanços incorporados, a tv analógica ainda é marcada por uma recepção pobre na qualidade de imagem e de som quando comparada à de outras mídias, e, rotineiramente, com fantasmas, ruídos e interferências.

Com a digitalização do sinal transmitido, o som e a imagem são processados eletronicamente por chips e microprocessadores de última geração que traduzem a imagem animada em códigos numéricos, em milhões de combinações de dígitos binários de informação. Por outras palavras, a tecnologia de transmissão digital transforma tanto os sons como as imagens em códigos digitais semelhantes aos encontrados em computadores, para transmiti-los em seguida aos usuários finais.

A rigor, esses dígitos binários são combinações feitas de zeros e uns, denominados bits. Mas, a exemplo da tv analógica, estas informações também devem estar confinadas dentro deste mesmo espaço de freqüência. Para atender a esta exigência, um canal de tv digital não pode transportar dados com velocidade maior que 20 Mbps (milhões de bits por segundo).

Uma das vantagens da tv digital é possibilitar a transmissão de muito mais informação no mesmo canal de freqüência. E para tornar mais confortável e ampla a visão de suas imagens, as imagens da tv digital têm aspecto visual não mais de 4 por 3, mas de 16 por 9. Na linguagem dos técnicos, esse formato (4 por 3 ou 16 por 9) tem o nome de relação de aspecto (em inglês, *aspect ratio*). A imagem de alta definição é formada por 2 milhões de pontos luminosos que contêm as três cores básicas: vermelho, verde e azul, muitas vezes referidas pela sigla RGB — das três cores em inglês — *red, green* e *blue*. Cada ponto luminoso que forma a imagem chama-se pixel (forma reduzida de *picture element*). A imagem de alta definição tem, portanto, 2 milhões de elementos de imagens (pixels).

Cada pixel, contudo, carrega informação sobre diferentes níveis de brilho, cor e saturação (tom mais forte ou mais claro). Todas as informações sobre essas características da imagem são dadas pelos códigos digitais transmitidos. O total dessas informações binárias pode chegar a 1 gigabit/segundo (o mesmo que 1 bilhão de bits por segundo, ou ainda mil megabits/segundo).

Como essa quantidade de informação não caberia normalmente no canal de freqüência à velocidade de 20 megabits/segundo, os pesquisadores tiveram que desenvolver métodos de compressão digital do sinal que pudessem reduzir, sem perda de qualidade, este imenso fluxo de dados em pelo menos 50 vezes.

Essa redução do número de bits a 1/50 do total de bits da imagem original só se tornou possível, então, com o tratamento do imenso volume de informação contido na imagem de alta definição por intermédio de um artifício, denominado "compressão dos fluxos de dados", conhecido pela sigla MPEG (do Motion Picture Experts Group).

A compressão digital elimina as redundâncias da imagem. Como ilustração, imagine uma imagem de um avião contra um céu azul uniforme. Não faz sentido transmitir um código binário de 10 bits para cada um dos milhares de pixels azuis. Basta transmitir um código que significa "seguem-se milhares de pontos azuis". Devemos levar em conta que o avião continua movendo-se e, assim, basta apenas informar a direção do movimento, sem ter de transmitir toda a imagem do avião. Isto, adicionado ainda a outras técnicas, demanda um número significativamente menor de bits na transmissão da imagem.

Por meio da compressão digital, as emissoras enviam apenas os dados necessários, ou seja, apenas as diferenças entre cada quadro da imagem em lugar de um quadro inteiro, removendo as informações repetitivas, o que possibilita que muitos outros serviços digitais sejam associados e transmitidos dentro de um único canal de televisão.

Na recepção, estes dados são reconvertidos para imagens animadas, sons, textos, telejogos, serviços de informação, guia de programação, entre outros, tornando possível um sonho antigo dos pioneiros da televisão.

Sempre que falamos de TV digital, estamos nos referindo à televisão aberta transmitida pela atmosfera para livre recepção de todos que disponham de equipamento adequado. Esse tipo de transmissão aberta é chamada de radiodifusão, ou *broadcasting*.

O que já é digital na TV brasileira?

Em sentido amplo, o processo de digitalização da televisão brasileira já está avançado e vem sendo implantado há muitos anos. Sim, nas grandes redes de televisão quase tudo já é digital: câmeras para captação de imagens, processo produção, acabamento, ilhas de edição, gravação dos programas, equipamentos de estúdios. Tudo isso já é digital, e há alguns anos. O único segmento que ainda não era digital era o da transmissão atmosférica, por meio do qual as emissoras enviam conteúdos para a casa do telespectador.

Frisemos ainda uma vez: tudo que discutimos aqui se refere a uma forma de radiodifusão que, a rigor, deveria chamar-se TV digital aberta, atmosférica e gratuita. Diante disso, muitos leitores devem estar perguntando: "E a TV aberta por satélite, terá o mesmo padrão da TV digital terrestre?" A resposta é não, pois a TV transmitida via satélite para recepção direta por meio de antenas parabólicas nasceu como um serviço de distribuição de sinais para as emissoras ou repetidores integrantes de cada rede de TV. Seu objetivo inicial não era distribuir o sinal de TV para o usuário final. O que ocorreu foi a disseminação de parabólicas por todo o território nacional, levando boa imagem dos canais abertos a mais de 15 milhões de domicílios.

Essa popularização das parabólicas se deu em função de dois fatores. De um lado, em decorrência da difusão de programas com sinal aberto por todo o país, pela Embratel, dona dos satélites Brasilsat. De outro, porque diversas indústrias desenvolveram sistemas de recepção do sinal de satélite (antena parabólica e conversor) fornecidos aos telespectadores de regiões remotas, onde o sinal da TV aberta não chegava. A escala de produção fez baixar significativamente o preço desses sistemas, tornando-os acessíveis até às classes de menor renda.

Como ficam essas parabólicas diante da TV digital? Eis aí um problema a ser resolvido. Diversas redes de TV já distribuem seus sinais sob a forma digital, usando a tecnologia européia DVB ou outros padrões, tanto para a TV aberta quanto para a TV por assinatura do tipo DTH (*direct-to-home*). Segundo a previsão de especialistas, ao se aproximar o fim da transmissão de TV analógica, a grande probabilidade é que as emissoras adotem o mesmo padrão da TV digital aberta, que será recebido via conversores.

Quando a TV digital cobrirá todo o Brasil?

O Ministério das Comunicações estima que a cobertura do país seja conseguida até 2014. A primeira região a contar com transmissões de TV digital no Brasil foi a Grande São Paulo. Lá, as grandes redes de televisão iniciaram suas transmissões comerciais de TV digital no dia 2 de dezembro de 2007. Por falta de coordenação do projeto na área industrial, essa primeira região enfrentou muita dificuldade na fase inicial das transmissões: 1) escassez e preços elevados de sintonizadores (conversores ou *set-top boxes*); 2) falta de informação sobre o software operacional da TV brasileira (denominado *Ginga*), responsável pelos recursos de interatividade da TV digital; 3) falta de informação sobre a própria TV digital.

Progressivamente, a TV digital deverá cobrir todo o país, a partir das regiões metropolitanas de São Paulo, Rio de Janeiro, Belo Horizonte, Brasília, Porto Alegre, Salvador, Recife, Fortaleza e outras, para, talvez, cobrir todo o território nacional antes de 2015.

Televisor analógico pode captar a tv digital?

Sim, desde que ele disponha de um sintonizador (a caixa-preta também conhecida pelo apelido de *set-top box*). Como as técnicas de transmissão analógica são incompatíveis com as técnicas digitais, há necessidade desse dispositivo intermediário, o *set-top box*, que na realidade funciona como receptor de sinais digitais e conversor desses sinais em analógicos.

É claro que um televisor analógico comum, mesmo com receptor para tv digital, nunca terá uma imagem de alta definição. Mas poderá melhorar sensivelmente sua recepção e a qualidade da imagem analógica.

Sem conversor, vou ter de jogar fora minha tv?

Não. Até 2016, as emissoras serão obrigadas a transmitir seus programas tanto em sinais analógicos quanto em digitais. Assim, você continuará recebendo normalmente os programas da tv aberta analógica como se nada tivesse ocorrido. Até aquele ano, portanto, você não será obrigado a adquirir outro televisor nem o sintonizador digital. Só depois de 2016, quando as transmissões analógicas forem interrompidas, é que todos os televisores terão que ter receptores digitais.

E a tv por assinatura terá o mesmo padrão digital?

Não. Os diversos tipos de tv por assinatura — tv a cabo, via satélite ou dth (*direct-to-home*), via microondas (mmds, *sigla de microwave multipoint distribution system*) — não serão obrigados a adotar a mesma tecnologia digital da tv aberta. Algumas empresas operadoras, contudo, poderão mudar seu padrão digital para o padrão nipo-brasileiro adotado pelo país. Outra opção possível será a oferta de conteúdos digitais em alta definição, com padrão diferente da tv aberta.

Teremos outros locais para assistir à TV digital?

Sim. Diversas outros: nos telefones celulares, nos laptops ou desktops dotados de sintonizadores, nos PDAS e nos receptores instalados em meios de transporte, como carro, ônibus, metrô, trem ou qualquer outro. A essa possibilidade múltipla de recepção do sinal de TV digital se chama "portabilidade". "Mobilidade", por sua vez, é o nome que dá à recepção de TV digital em veículos em movimento.

Quais são os diferentes graus de definição?

Em TV digital existem diversos graus de definição ou de nitidez da imagem. Façamos uma analogia com as fotos coloridas ou em preto-e-branco impressas em jornais. Observe-as com uma lupa e verá que quanto maior for o número de pontos por linha, maior será a resolução da foto impressa. Algo semelhante se passa com a imagem de TV.

Na realidade, existe uma infinidade de graus de definição, os quais crescem com o progresso tecnológico das câmeras e captadores. Na televisão digital dos EUA, por exemplo, são especificados 18 graus de definição de imagem. No Brasil, estes níveis ainda não foram estabelecidos ou especificados. Mas, de maneira geral, podemos classificá-los em quatro grandes grupos:

1. Baixa definição (*low definition* ou LDTV), com imagens de 288 linhas e 352 pixels por linha, para recepção em celulares, PDAS ou laptops;
2. Definição-padrão (*standard definition* ou SDTV), com 480 linhas de 720 pixels por linha, para televisores de definição normal, como os atuais;
3. Definição melhorada (*enhanced definition* ou EDTV), com 480 linhas entrelaçadas de 853 pixels, como a dos melhores DVDS;
4. Alta definição (*high definition* ou HDTV), de 1.080 linhas de 1.920 pixels por linha, e, portanto, a melhor imagem, com o maior número de pontos ou pixels.

TV digital é o mesmo que TV de alta definição?

Não. Toda TV de alta definição é digital. Mas nem toda TV digital é de alta definição. A diferença está, portanto, no grau de definição. Quanto mais pixels ou pontos coloridos tiver a imagem, maior será sua definição.

Por varredura progressiva (*progressive scanning*), em televisores de 750 linhas, em que a imagem é formada à velocidade de 60 quadros de 720 linhas ativas por segundo. Por entrelaçamento (*interlacing*) de 30 quadros de 1.125 linhas (ou 1.080 linhas ativas) por segundo.

Vale a pena comprar já um televisor maior?

Depende de vários fatores. Se a TV digital já chegou à sua cidade, a resposta é positiva, mas é altamente desejável que seu novo televisor seja dotado de sintonizador digital integrado ou embutido.

Se você quer apenas um televisor plano de maiores dimensões, cuide para que o aparelho esteja tecnicamente preparado ou "pronto para a alta definição" (HD *ready*).

A digitalização das emissoras será obrigatória?

Sim, mas não imediatamente. Porém, a partir do momento em que se digitalizarem, as emissoras deverão transmitir o mesmo programa com sinal tanto digital quanto analógico.

A partir de junho de 2013, ou seja, dentro de sete anos, a contar do decreto de junho de 2006, todas as emissoras de TV deverão estar transmitindo sinais digitais. Em dez anos cessarão todas as transmissões analógicas.

E todas as novas emissoras serão digitais?

Esse ponto ainda não está definido. Em breve, o Ministério das Comunicações e o grupo de trabalho formado para fixar as regras vão sugerir um conjunto de medidas complementares para a implantação da TV digital.

Quais as principais vantagens da TV digital?

Com a TV digital, os canais de televisão se abrirão para uma importante variedade de novos produtos até então desconhecidos e muito deles ainda hoje inconcebíveis — e tudo isso poderá ser acessado de qualquer lugar, seja em casa, no carro, no escritório, no metrô, na rua e assim por diante. Mas isso ainda vai demorar alguns anos para se tornar hábito da maioria. Os especialistas apostam no futuro da interatividade, da portabilidade e da mobilidade como principais diferenciais da TV digital.

Interatividade, o grande salto. Mas quando?

Embora ainda demore alguns anos para que isso ocorra, o televisor digital tende a tornar-se um verdadeiro terminal de interação com o mundo, permitindo a longo prazo que indivíduos se conectem e se interliguem à vontade, até mesmo com outros países. O televisor deixa de agora em diante de ser um veículo que trafega em mão única na estrada da informação. O telespectador deixa de ser passivo diante do televisor, apenas recebendo informação, para tornar-se interativo, aspecto considerado da maior relevância para a inclusão digital.

Vencendo as barreiras culturais e econômicas, a interatividade plena deverá proporcionar não só entretenimento, mas também condições propícias à educação, cultura e cidadania. A interatividade

VÍDEO

será assegurada basicamente pelo sintonizador de TV digital (o *set-top box*) e pelo controle remoto. Além disso, para que o telespectador se comunique com sua emissora ou outros destinos, é preciso que exista um caminho de volta, ou canal de retorno. Um deles é a linha telefônica fixa. Outro é o celular. Um terceiro é algum tipo de rede sem fio, como WiMax.

Alguns exemplos de interatividade local, que deverão vir antes de outras formas desses serviços bidirecionais, são:

- *Guia eletrônico de programação*, que contém todas as informações sobre a grade de programação dos diversos canais, com a sinopse dos programas.
- *Escolha da câmera e do melhor ângulo*. Nas transmissões de futebol, o telespectador poderá selecionar a câmera com o melhor ângulo — nas laterais, atrás dos goleiros, ou mesmo uma visão geral do campo. A qualquer momento pode inserir na tela uma tabela com estatísticas sobre o jogo ou a classificação do campeonato.

Embora o Brasil ainda não tenha padronizado nem definido em detalhes sobre o canal de retorno, ele será feito com a conexão do sintonizador digital a uma linha telefônica fixa ou celular, ou outro tipo de rede de telecomunicações (Wi-Fi, WiMax, WiMesh ou outra). O envio de mensagens curtas (torpedos) através do celular também pode ser uma forma de canal de retorno.

Eis aqui dois exemplos de interatividade com canal de retorno:

- *Comércio eletrônico*, por intermédio do qual o telespectador pode conhecer melhor os produtos e realizar sua compra.
- *Respostas* em programas educativos ou de entretenimento. Nesse caso, o telespectador visualiza o questionário e dá sua resposta através do canal de retorno, utilizando o controle remoto do sintonizador do televisor digital ou outro dispositivo semelhante.

PARA COMPREENDER O MUNDO DIGITAL

Não se esqueça: uma boa antena VHF e UHF

Para a melhor recepção da TV digital é essencial uma boa antena externa — que não custa nenhuma fortuna e é praticamente igual à da televisão analógica. Apenas com um detalhe: ela deve ser destinada tanto à recepção em VHF, para os canais analógicos, quanto em UHF, para os digitais.

É oportuno lembrar aqui que TV analógica opera tanto nas faixas de VHF (canais 2 a 13) como de UHF (canais 14 e acima). A TV digital vai operar apenas na faixa de UHF, usando canais diferentes dos canais da TV analógica.

A imagem da TV digital não tem meio termo: ou "pega" ou "não pega". Ou chega perfeita, sem fantasmas nem chuviscos, ou não chega e se transforma numa tela preta.

Imagem sempre estável

Para assegurar imagem e som cristalinos mesmo em ambientes extremamente hostis, as emissoras inserem redundâncias nas transmissões, de forma a permitir que perdas de informações possam ser recuperadas. Por meio desta técnica, aliada a outras para conferir robustez nas transmissões dos sinais, os receptores podem facilmente sintonizar um canal mesmo em ambientes com muita interferência, campo eletromagnético fraco, muito ruído elétrico e repleto de reflexões (fantasmas), e ainda assim decodificar este sinal para imagem com qualidade superior à de um DVD e som que facilmente supera o de um CD ao oferecer múltiplos canais de áudio. Além disso, podemos gravar qualquer programa, mesmo enquanto vemos outro. O som é estéreo e surround em seis canais ou 5.1.

As vantagens futuras da digitalização

Dentro de cinco a dez anos, a digitalização deverá proporcionar todos os recursos que essa tecnologia pode nos oferecer, como maior *mobilidade*, *portabilidade, multiprogramação* e *flexibilidade*. Vale a pena traduzir esses recursos em miúdos.

Multiprogramação, também conhecida pelo termo em inglês *multicasting*, é a possibilidade de transmissão de vários programas com diferentes níveis de definição num único canal de 6 MHz utilizado pela TV digital.

Portabilidade é a recepção em diversos tipos de equipamentos, como PDAS, laptops, celulares.

Mobilidade refere-se à recepção de programas em celulares ou em veículos em movimento, como trens, ônibus ou carros.

Por fim, flexibilidade é a possibilidade de ter o máximo de aplicações e serviços, tanto para as emissoras de TV quanto para as operadoras de celulares e empresas de multimídia

Quais são as características da TV digital brasileira?

Vamos conceituar corretamente sistema e padrão. O Brasil terá um sistema, e não um padrão de TV digital. Sistema é o conjunto de padrões ou recursos (ferramentas de software, componentes e padrões de compatibilidade internacional). Por isso, o Ministério das Comunicações estabeleceu desde 2003 o que é chamado de Sistema Brasileiro de Televisão Digital (SBTVD).

Por que Brasil adotou o sistema japonês?

Deixando de lado o interesse político e a ação dos *lobbies,* a decisão brasileira apoiou-se na premissa de que, para tornar o sistema economicamente viável, o sistema escolhido deveria acompanhar as grandes tendências mundiais e manter-se alinhado a elas ao considerar a relevância do mercado internacional. Assim, a meta sempre foi compor

PARA COMPREENDER O MUNDO DIGITAL

o sistema a partir de padrões existentes. O próprio modelo japonês está fortemente baseado no modelo europeu de TV digital, com o objetivo de incorporar-lhe significativas melhorias.

O sistema híbrido, nipo-brasileiro, se caracteriza por ter maior estabilidade do sinal de TV, e proporcionar mais as vantagens da interatividade e da mobilidade. Um dos recursos exclusivos do sistema é a possibilidade de transmissão de imagens de TV digital diretamente para dispositivos móveis (como celulares, palmtops, PDAS ou laptops) sem passar pelas operadoras de celular (como Vivo, Claro, Tim ou Oi).

Um sistema de TV digital pode ser subdividido em quatro grandes macroblocos ou áreas principais:

- *Digitalização* e *compressão* dos sinais de áudio, vídeo e dados para reduzir a quantidade de dados a serem transmitidos. Como o Brasil optou mais recentemente pela TV digital, pôde beneficiar-se de progressos alcançados em pesquisa e desenvolvimento. Assim, enquanto o Japão e demais países do mundo que já contam com TV digital empregam a técnica de compressão denominada MPEG-2, o Brasil adotou o padrão AVC/H.264 (equivalente ao MPEG-4) que oferece eficiência duas vezes maior de compressão quando comparado ao seu antecessor.
- *Multiplexação*, que viabiliza a inserção de vários serviços em um único fluxo de bits. O país adotou o mesmo padrão empregado no Japão e demais países do mundo.
- *Middleware*: arquitetura de software que viabiliza a TV interativa. Cada um dos sistemas mundialmente disponíveis adotou a técnica mais adequada à realidade sociocultural das regiões em que são implantados. O Brasil não fugiu a esta regra e desenvolveu o seu próprio software, o *Ginga*. Por analogia, poderíamos comparar o *middleware* ao sistema operacional de um computador.
- *Codificação* e *modulação*, que conferem robustez ao sinal transmitido. Após muitos estudos, o Brasil decidiu adotar a tecnologia de modulação OFDM (do inglês, *orthogonal frequency-*

division multiplexing) que é a mesma do sistema japonês, já que os testes comprovaram ser a técnica que confere muito mais robustez e estabilidade ao sinal de TV, permitindo recepção com pequenas antenas internas mesmo em cidades com muitos edifícios, como São Paulo, ou montanhas, como o Rio de Janeiro. Não cabe nos propósitos deste livro explicar a complexidade da tecnologia OFDM, mas apenas registrar suas principais vantagens ao usuário ou leitor.

Que vantagens traz a TV digital para a publicidade?

Muitas. A TV digital permitirá, por exemplo, o uso de mensagens publicitárias embutidas em cada objeto apresentado numa novela ou programa de entrevista. Poderemos apontar o cursor do controle remoto sobre o produto, abrir uma janela (o programa não é interrompido, mas congelado e gravado a partir daí) e obter informações comerciais (características, vantagens, preço, onde comprar) ou clicar diretamente na opção "compre" dentro da janela, num exemplo de comércio eletrônico. Esse será o *T-commerce* (ou comércio eletrônico via TV).

Uma estréia apressada e sem recursos

A TV digital brasileira estreou no dia 2 de dezembro de 2007 na Grande São Paulo. Para quase ninguém. Anunciada como a mais avançada do mundo, ela começou sem interatividade, sem o software operacional *Ginga* e sem mobilidade. Segundo as perspectivas mais otimistas, apenas 5 mil domicílios dispunham de televisores digitais. Isso equivale a 20 mil telespectadores, dos 20 milhões de habitantes da Região Metropolitana. Uma pessoa em cada mil. Só essa extrema minoria viu as imagens do padrão nipo-brasileiro que o país inaugurou naquele dia. Nas pesquisas de audiência, 20 mil pessoas são representadas por um traço. Quer dizer: Ibope zero.

Esses números não significam nenhum fiasco da TV digital como tecnologia. Mostram apenas que o projeto foi mal conduzido. A apenas quinze dias da inauguração, os paulistanos não tinham onde comprar sintonizadores digitais ou conversores, nem televisores completos aptos a receber as imagens da nova TV. E quando os conversores chegaram às lojas, seus preços variavam entre R$ 400 e R$ 1.500, assustando o consumidor de classe média e afugentando a grande maioria de baixa renda.

O governo criou expectativas irrealistas quanto à TV digital. Ainda em 2005, o ministro das Comunicações, Hélio Costa, dizia que a Grande São Paulo poderia ver a Copa do Mundo de 2006 com imagens da TV digital. Depois insistiu na possibilidade de os conversores custarem R$ 200 ou menos. Prometeu interatividade, mobilidade e multiprogramação, mesmo diante da opinião contrária de especialistas quanto à possibilidade e disponibilidade desses avanços em curto ou médio prazos.

Os escassos recursos destinados às pesquisas foram sempre pagos com atraso às universidades, impedindo, por exemplo, que o desenvolvimento do *Ginga* fosse concluído em tempo para ser incorporado ao projeto.

Nenhuma estratégia industrial foi posta em prática para reduzir o preço final dos conversores. O ministro Hélio Costa preferiu transformar a questão num grande bate-boca, em lugar de lutar pela isenção ou pela redução dos tributos que oneram a importação de componentes eletrônicos, ou por financiamentos e incentivos que pudessem baixar o preço final dos sintonizadores — à semelhança do que tem sido feito com pleno êxito na área de computadores. Só agora é que o governo acena com a perspectiva de financiamento. Em resumo, do lado governamental sobrou discurso populista e faltou apoio concreto aos diversos atores envolvidos.

Muito mais pragmáticas, as emissoras de TV fizeram sua lição de casa e estão preparadas para a transmissão de programas, embora com pouco conteúdo de alta definição. E a boa notícia nesse segmento foi a contribuição da indústria nacional, desenvolvendo e fabricando os primeiros transmissores para TV digital, com a participação direta de universidades e do Instituto Nacional de Telecomunicações (Inatel).

Implantar a TV digital é um processo inexoravelmente longo e lento, aqui como em todo o mundo. Mesmo sendo a TV aberta uma

VÍDEO

paixão nacional, com uma taxa de penetração de 92% dos domicílios, a implantação da nova geração digital na maioria dos domicílios do país deverá levar de doze a quinze anos. É claro que podemos ter surpresas com a evolução tecnológica. Uma das alternativas mais promissoras à TV digital de hoje é a TV sobre protocolo da internet, ou IPTV, que pode oferecer opções mais baratas e qualidade comparável à alta definição de hoje.

O grande obstáculo à digitalização no Brasil é, sem dúvida, o baixo poder aquisitivo de sua população. Por isso, estima-se que daqui a cinco anos a TV digital no Brasil não deverá alcançar mais do que 15% das residências.

Nos Estados Unidos, depois de nove anos da introdução da nova tecnologia, apenas 38% dos domicílios dispunham de TV digital no final de 2007. Na França, depois de oito anos, esse percentual era ainda menor: 31%. No Japão, após três anos, eram 15%.

Outro problema é a dificuldade do cidadão em entender exatamente as vantagens da nova tecnologia, em especial se o consumidor já conta com imagem de boa qualidade, ou de definição padrão (*standard definition*).

Em 1972, o Brasil inaugurou sua TV em cores. Na época, passar do branco-e-preto para as cores tinha muito maior impacto do que tem hoje a simples recepção de um sinal digital em *standard definition* — que acabará sendo a única opção econômica da maioria dos consumidores.

Poucos parecem dispostos a investir R$ 400 ou 500 num conversor para garantir simplesmente a recepção de sinais digitais, porque esse preço está fora do alcance de 70% da população.

Muito diferente é a situação dos consumidores de alto poder aquisitivo, acostumados ao home theater e ao visual dos monitores de 42 ou 50 polegadas, de plasma ou LCD, à espera do grande salto da alta definição na TV aberta, na TV a cabo, nos DVDs Blu-ray ou HD-DVD.

Finalmente, resta uma opção polêmica, já pensada pelo governo em 2007 como estratégia para antecipar a universalização da TV digital: distribuir milhões de conversores para simples recepção, a preços simbólicos, altamente subsidiados, para a maioria dos domicílios pobres do país. Uma espécie de "Bolsa TV".

MOBILIDADE: CURTINDO A TV DIGITAL NO CELULAR

Vi as últimas competições dos Jogos Panamericanos de 2007, com imagens de alta definição, nas transmissões experimentais da Rede Globo, na cidade de São Paulo, num monitor de 52 polegadas de cristal líquido da Samsung utilizado para teste, numa sala de demonstração. Não tenho dúvida de que, quando a TV digital brasileira chegar ao alcance da classe média, você, leitor, também irá se apaixonar. Ela é uma festa para os olhos.

Tive também uma experiência diferente ao assistir, na mesma época, programas de TV digital recebidos em celulares de terceira geração (3G), na tecnologia denominada *high speed packet access* (HSPA). Os celulares eram Sharp Acquos 912SH, importados do Japão pela Qualcomm, exclusivamente para uso experimental, que permitiam download de 3,2 megabits por segundo (MBPS), com câmera digital de 3 megapixels, capazes de receber TV digital no padrão nipo-brasileiro ISDB-T.

A partir de março de 2008, já existiam no mercado diversas opções e modelos de celulares 3G-HSPA, aptos a receber sinais de TV digital e, dependendo da regulamentação, o assinante não terá que pedir autorização nem à operadora nem à emissora de TV. E a recepção de TV digital é inteiramente gratuita. Mesmo nas dimensões da tela do celular, a imagem digital é excelente, estável, com belas cores, contraste e nitidez.

Os telefones celulares 3G com recursos de HSPA que testei recentemente já estão preparados para a TV digital brasileira. Vale lembrar também que a Agência Nacional de Telecomunicações (Anatel) já prepara as regras para o leilão nacional de freqüências destinadas aos serviços 3G.

"Não tenho dúvida de que a TV móvel é o futuro" — prevê Marco Aurélio de Almeida Rodrigues, presidente da Qualcomm do Brasil. "Em menos de dez anos, ela será nosso modo principal de ver televisão, oferecendo-nos novas opções de acesso ao seu conteúdo a qualquer hora e em qualquer lugar, sejam filmes, novelas, partidas de futebol, jogos olímpicos ou telejornais."

Por assegurar mobilidade total, o celular tem tudo para ser a forma principal de TV *mobile*. Poderemos acoplar o celular a laptops ou monitores

VÍDEO

especiais de maiores dimensões e assistir aos melhores programas no hotel, no avião, no aeroporto, no trem, no ônibus, na praia ou no campo.

BLU-RAY, O DVD QUE MUDA NOSSA VIDA

Já estão no mercado brasileiro os primeiros DVDs de alta definição (*high definition*, ou HD) Blu-ray Disc, que utilizam raio laser azul para leitura das informações gravadas. Desde a primeira demonstração dos dois formatos lançados inicialmente (HD-DVD e Blu-ray Disc) que vi no Consumer Electronics Show de Las Vegas, em janeiro de 2003, fiquei encantado com a beleza de suas imagens e com seus recursos. Não tenho dúvida em afirmar que o DVD de alta definição vai mudar nosso jeito de ver e produzir filmes e documentários, permitindo novas aplicações de multimídia, no computador e na internet.

O Blu-ray Disc é resultado do esforço conjunto de grandes empresas, reunidas sob o nome de Blu-ray Disc Association (BDA), que são: Philips, Sony, Samsung, Panasonic, Pioneer, Sharp, Apple, Dell, Hitachi, HP, JVC, LG, Mitsubishi, TDK e Thomson. A adesão ao formato foi tão expressiva que no começo de 2008 já eram mais de duzentas corporações no mundo que apoiavam o Blu-ray, inclusive a Warner Brothers, Paramount, Fox, Disney, Sony, MGM e Lionsgate. Entre os cem primeiros títulos de discos a serem lançados em Blu-ray, estão filmes e séries famosas, como *24 horas*, *Missão impossível*, *Matrix*, *Robocop*, *Batman*, *Quarteto fantástico*, *O quinto elemento*, *Herói*, *A era do gelo*, *Kill Bill*, *Onze homens e um segredo* e *Piratas do Caribe*.

Quando devo comprar meu DVD Blu-ray?

Os DVDs de alta definição já chegaram ao mercado brasileiro. Meu conselho a você, leitor, é este: não tenha pressa em comprar seu toca-discos Blu-ray. Espere que cheguem ao mercado pelo menos duzentos títulos de discos pré-gravados, com filmes, shows e documentários do mais alto padrão. Os discos pré-gravados deverão custar entre R$ 50 e 100, e dispõem de um tipo de bloqueio que pretende impedir a cópia e a pirataria.

O aparelho reprodutor (*player*) custava inicialmente bem mais de R$ 3 mil. Mas com os ganhos de escala e a evolução da tecnologia seu preço deverá cair rapidamente. Para sentir toda a beleza da alta definição, vá pensando num monitor ou televisor de tela plana, de plasma ou LCD, de 42 polegadas, no mínimo, e 1.080 pixels.

A capacidade de armazenamento de informação do Blu-ray é muito maior que a dos DVDS. De início, ele oferece duas opções: a) uma de 25 gigabytes (GB), com apenas uma camada de gravação (o que já equivale a 5 vezes a capacidade de um DVD); b) outra com 50 GB e duas camadas.

A Philips e outros fabricantes estão desenvolvendo discos do padrão Blu-ray de quatro camadas, de 100 GB, e têm planos para criar até discos de oito camadas, para 200 GB. Para se ter uma idéia do que significa isso, é bom lembrar que o Blu-ray de 50 GB permite gravar até nove horas de vídeo high definition (HD) ou 23 horas em standard definition (SD).

O *player* vai tocar tanto os discos Blu-ray quanto os velhos DVDS e CDS, evitando assim a obsolescência de nossa discoteca. O impacto do Blu-ray, no entanto, será muito maior do que o de avanços anteriores, por suas muitas aplicações profissionais e de entretenimento. Ele permitirá gravar, regravar e produzir programas, filmes, shows e documentários. No computador, será uma alternativa vantajosa para os discos rígidos, CDS e DVDS hoje utilizados como backup ou mídia de armazenamento de volumes muito maiores de voz, dados e imagens.

Por volta de 2010 ou 2012, gravaremos rotineiramente em Blu-ray tudo que quisermos preservar da TV, como fazíamos com o videocassete no passado. Nas apresentações de audiovisuais, o novo disco vai aposentar o velho Power Point dos palestrantes, com imagens mais brilhantes, coloridas e nítidas.

Diferentemente dos DVDS, que usam raio laser vermelho, o Blu-ray (BD) utiliza o raio laser azul-violeta, muito mais fino e que permite gravar muito mais informação. Suas opções de formato e aplicações são as seguintes:

- BD-ROM (*read only memory*) — somente para leitura, para discos pré-gravados de filmes em alta definição (HD), jogos, software, etc.

- BD-RAM (*randomic access memory*) — para armazenar dados temporariamente, como alternativa aos discos rígidos magnéticos.
- BD-R (*recordable*) — formato gravável uma vez, para registro de vídeos HD e armazenamento de dados.
- BD-RE (*recordable & erasable*) — regravável, para registro temporário de vídeo HD e dados em computadores pessoais.

O FUTURO DA TV SEGUNDO O CES 2008

O Consumer Electronics Show (CES) é uma espécie de vitrine mundial da eletrônica de entretenimento, que exibe o que há de mais moderno e sofisticado nessa área, e antecipa as grandes tendências dos produtos e serviços que farão nossa alegria nos próximos anos. Tenho coberto o CES anualmente, como jornalista especializado, desde 1972. Em certo sentido, ele é uma espécie de curso de pós-graduação em eletrônica de entretenimento, ou seja, para profissionais e especialistas de todos os segmentos de áudio, vídeo, videojogos e tudo o mais que compõe o lazer eletrônico.

Em 2008, nesse show de convergência tecnológica, a televisão digital de alta definição foi, de longe, a nova paixão do consumidor. Ali se confrontaram as tecnologias de plasma, cristal líquido (LCDs), diodos emissores de luz (LEDS), DVDs de alta definição (Blu-ray) e LEDS orgânicos (OLEDS), bem como para demonstrações de televisão a laser e televisão tridimensional (3D) de home theaters ultra-sofisticados.

Nunca foram lançados tantos modelos inovadores de televisores como em 2008, entre os quais os de maiores dimensões já produzidos pela indústria. A Panasonic (Matsushita) apresentou um televisor de alta definição de plasma cuja tela tinha 150 polegadas de diagonal (3,81 metros), tão grande que nela cabe um elefante em tamanho natural, com imagem de 8 milhões de pixels (2 x 4 megapixels) — o quádruplo da alta definição. Na casa digital, esse televisor pode ser usado como monitor para visualizar todos os elementos do centro de controle de mídia (Digital Heart),

PARA COMPREENDER O MUNDO DIGITAL

integrando home theater, internet, TV por assinatura, computador, games, sistemas de informação, telefonia celular e muito mais.

A Comcast, maior operadora de TV por assinatura dos Estados Unidos, lançou um sistema de gravação do tipo *personal video recorder* (PVR), sem fio, que pode receber e gravar programas em qualquer lugar, a qualquer hora, via redes Wi-Max.

A TV a laser foi apresentada mais uma vez como televisão do futuro. Mas ainda não se transformou em produto comercializável. Na verdade, o mundo espera há 25 anos a maturação dessa maravilha. Embora as imagens exibidas nas demonstrações quase secretas feitas pela Mitsubishi tenham sido de uma beleza insuperável, a empresa não deu as informações de interesse geral, como data de lançamento, preços possíveis e especificações técnicas.

A TV a laser de alta definição, na opinião de especialistas, é uma evolução da TV por projeção, mas que utiliza três projetores de laser, com as cores complementares (vermelho, verde e azul). Por suas cores, brilho e contraste insuperáveis, a tecnologia de laser tem tudo para ser o grande salto tecnológico no setor nos próximos cinco anos.

Com um televisor a laser do tamanho de uma caixa de sapatos, podemos projetar numa tela de até cinco metros de diagonal, ou numa parede doméstica, imagens de alta qualidade, de alta definição. Mesmo à luz do dia, com o sol do meio-dia, as imagens de laser são insuperáveis.

DEPOIS DA HDTV, VEM A *ULTRA HIGH DEFINITION TV*

Imagine uma tela de televisão com 11 metros de diagonal e imagens 16 vezes mais nítidas do que as atuais de alta definição (HDTV). Não é ficção. Essa televisão já existe e tem o nome de *ultra high definition* TV (U-HDTV). Todos os que viram suas demonstrações na NAB 2007, em Las Vegas, puderam comprovar sua qualidade, muito superior à de qualquer outra imagem eletrônica. Daí o nome de *ultra high definition*.

Criada pela NHK, Corporação de Televisão Estatal do Japão, a U-HDTV é a única formada por 32 milhões de pixels, e a permitir imagens de alta qualidade em telas gigantes. Outras tecnologias e projetos competidores não alcançam nem suas dimensões nem sua nitidez.

As imagens da U-HDTV nos dão uma sensação jamais experimentada diante de outras formas de comunicação eletrônica. Por isso, suas demonstrações produziram impacto em todos os que conseguiram um lugar na sala de projeção no evento de Las Vegas.

Hirokazu Nishiyama, diretor da NHK e um dos responsáveis pelo desenvolvimento da U-HDTV, disse que o maior objetivo desse projeto é "criar no espectador a sensação de estar lá, imerso na própria cena". Por outras palavras, ele cunha uma nova expressão para definir a nova U-HDTV: *tele sense*.

Em boa medida, esse objetivo está sendo alcançado. Ao contemplar as cenas tomadas por uma câmera localizada num balão sobre uma das mais belas praias do sul do Japão, o espectador tem impressão de estar voando numa asa delta.

As imagens da U-HDTV são formadas por 4.320 linhas de 7.680 pixels, o que dá um total de 32 milhões de pixels. Para se ter uma idéia do avanço que ela significa, vale lembrar que a televisão de alta definição de hoje (HDTV) tem 1.080 por 1.920 pixels, ou seja, cerca de 2 milhões de pixels. São, portanto, 16 vezes mais pixels ou informação visual em suas imagens.

O som multicanal de 24 canais (22.2) é o mais realista e envolvente já produzido pela tecnologia de áudio. Basta lembrar que o som surround dos melhores home theaters tem seis canais (5.1). Quanto maior a riqueza dos sons, maior é a emoção transmitida pela imagem. Assim, as imagens da floresta tropical — com a multiplicidade de sons de araras, insetos, macacos e animais de grande porte — nos transportam para a própria floresta. Um concerto sinfônico ou um show de música popular ganha realismo inusitado. Uma partida de futebol proporciona ao torcedor melhor visão de detalhes do que se ele estivesse no estádio. "É algo como estar lá. É isso que eu chamo de *tele sense*" — diz Nishiyama.

Mas a U-HDTV se destina a grandes espetáculos e usos profissionais, e não a substituir a TV digital doméstica de 1.080 pixels de nossos dias — concebida para telas menores e pequenos ambientes. Suas imagens, se ampliadas em monitores com mais de três metros de diagonal, perdem qualidade e tornam visíveis os pixels que formam as imagens.

As imagens de alto padrão da U-HDTV são ideais para apresentações e grandes auditórios, para seminários, conferências, palestras científicas ou mesmo aulas especiais na universidade ou nos cursos de segundo grau.

Com elas, as apresentações públicas ganharão novo padrão de qualidade e de beleza. Em auditórios especiais, os espectadores poderão assistir a quaisquer shows esportivos, nacionais ou internacionais — como as corridas de Fórmula 1, as Olimpíadas ou a Copa do Mundo — abrindo perspectivas para novos empreendimentos na área de lazer e entretenimento.

Com imagens de tão alta qualidade, os shows artísticos ou os concertos poderão atrair muito mais pessoas, por preços muito menores e com a sensação muito mais próxima da presença da orquestra, dos artistas ou dos regentes famosos.

Nishiyama explica: "Por tudo isso, não duvide do potencial da U-HDTV. O mundo tem assistido à evolução conjunta das tecnologias digitais e das telecomunicações, proporcionando coisas que eram impensáveis há apenas dez anos. Quem levaria a sério lá por 1997 a possibilidade de transmissão de imagens digitais de alta qualidade para as telas de telefones celulares, que se torna realidade em 2007?".

Os cientistas da NHK trabalham agora no desenvolvimento de sistemas de armazenamento de conteúdos com a qualidade exigida pela nova tecnologia, bem como de câmeras de alta velocidade e grande sensibilidade, que operam até a uma velocidade de 1 milhão de quadros (frames) por segundo, "para que ela, a U-HDTV, possa ser levada a qualquer pessoa, em qualquer lugar e a qualquer hora, para projeções de grandes dimensões, como uma alternativa ao cinema digital, shows especiais, espetáculos de arte visual, treinamento, apresentações educativas, científicas e outras" — diz Nishiyama.

3 | TELEFONIA MÓVEL

CELULAR É A REVOLUÇÃO DA MOBILIDADE

O mundo deverá fechar 2008 com 4 bilhões de celulares em serviço. Desse total, 1,1 bilhão de assinantes, ou quase 27% da base mundial, deverão ser de terceira geração. Nenhum outro serviço ou avanço tecnológico tem tido expansão tão rápida em escala planetária.

Vale a pena relembrar um pouco da história do celular. O conceito de celular nasceu no início dos anos 1980 e se tornou um serviço comercial, primeiro na Escandinávia e depois nos Estados Unidos.

> **De onde vem o nome celular para designar esse tipo de telefonia móvel?**
>
> Vem do fato de a área atendida por uma operadora ser dividida em células, ou setores cobertos por uma Estação Radiobase (ERB), nos quais se utilizam freqüências de baixa intensidade que podem ser reutilizadas em células não contíguas ou não vizinhas. Esse é o princípio básico da telefonia celular: reutilizar as freqüências, já que o espectro radioelétrico é limitado, finito e não-renovável.

Os primeiros sistemas de telefonia móvel eram analógicos, precários, de baixa capacidade e caros. Os primeiros sistemas celulares nascidos na Europa eram totalmente incompatíveis, o que impedia sua expansão por grandes regiões. Assim, no início daquela década havia pelo menos cinco sistemas incompatíveis na Europa. O Reino Unido, a França, a Itália, a Alemanha e a Escandinávia tinham seus projetos nacionais de telefonia celular, em freqüências e sistemas de modulação diferentes.

Um dos primeiros sistemas de telefonia móvel celular foi o escandinavo, conhecido pela sigla NMT-450 (de *Nordic Mobile Telephony* em 450 Megahertz ou MHZ). Tive oportunidade de conhecer esse sistema em junho de 1981. Testei os primeiros telefones portáteis desse sistema em Estocolmo, em companhia do ex-ministro das Comunicações, Euclides Quandt de Oliveira. Os aparelhos pesavam quase 10 quilos e suas baterias não permitiam mais do que 30 minutos de conversação.

Em companhia de Ake Atteval, diretor de Comunicações da Ericsson sueca, rodei Estocolmo numa Kombi para testar um aparelho vermelho — pomposamente chamado de telefone móvel celular — fazendo ligações de lá para o Brasil e para o mundo. No mesmo ano, utilizei esse sistema na Arábia Saudita, que acabava de adquirir um total de 2,5 milhões de linhas fixas da própria Ericsson, além de um sistema de telefonia celular NMT 450.

Dois anos depois, tive a oportunidade de assistir à inauguração do primeiro serviço comercial das Américas, feito pela antiga AT&T, em Chicago, no dia 13 de outubro de 1983. A tecnologia utilizada se chamava *Advanced Mobile Phone System* (AMPS), aliás, a mesma adotada inicialmente pelo Brasil a partir de 1990.

22 MIL DÓLARES POR UM TELEFONE?

Os mais jovens talvez não acreditem nesta história, mas ela é absolutamente verdadeira. Quando foi lançado o telefone celular no Rio de Janeiro, em fins de 1990, a procura foi tão elevada que a operadora local, a Telerj, resolveu exigir um depósito-caução no valor de US$ 22 mil dólares dos novos assinantes do telefone móvel. O dinheiro só era devolvido depois de dois anos, apenas com correção monetária, sem qualquer rendimento. O desequilíbrio entre a oferta e a demanda se tornou tão elevado que mais de 2 mil cidadãos e empresas aceitaram essas condições e adquiriram uma assinatura de telefone celular analógico, sem incluir nesse preço o aparelho.

Essa situação de desequilíbrio só começou a mudar em 1995, com o trabalho e as decisões ousadas do então ministro das Comunicações, Sérgio Motta, no primeiro mandato de Fernando Henrique Cardoso. "Serjão", como o chamávamos, tomou a decisão de privatizar o setor, até então explorado em caráter de monopólio estatal pela Telebrás e suas 27 subsidiárias.

Depois que o Congresso aprovou uma emenda constitucional, quebrando o monopólio estatal, e a Lei Geral de Telecomunicações, estava aberto o caminho para a privatização total do setor, que aconteceu no dia 29 de julho de 1998. A venda de 19% de ações da Telebrás rendeu ao governo em leilão R$ 22,2 bilhões (US$ 19 bilhões da época). O impacto da privatização foi tal que o país passou de apenas 24,5 milhões de acessos (telefones fixos mais celulares) em julho de 1998, para 173,1 milhões em julho 2008. Um aumento superior a 600% em dez anos! Desse total, 133,1 milhões são de celulares e 40 milhões de linhas fixas.

A densidade percentual no país no mesmo período subiu de 14 para 93 acessos telefônicos por cem habitantes. Este dado poderia ser considerado um dos melhores exemplos de inclusão digital obtidos pelo Brasil ao longo de uma década, sem qualquer investimento público. E é bom lembrar que 80% dos usuários de celular pertencem às classes C, D e E, que optam pela modalidade de celular pré-pago, gastando em média menos de R$ 15 por mês. Brasília tinha 119 celulares por cem habitantes em maio de 2008.

A boa notícia é que em 2015, ou mesmo antes, o Brasil quebrará a barreira dos 200 milhões de acessos — ou seja, o país terá mais telefones do que gente. Nenhuma outra área de infra-estrutura experimentou crescimento tão expressivo quanto a das telecomunicações na história recente do Brasil. Na maioria das cidades brasileiras, os novos assinantes passaram a ter sua linha telefônica em menos de uma semana e a pagar menos de R$ 80 pela instalação.

Isso não significa que nós, usuários, estejamos satisfeitos com os serviços e, em especial, com o tratamento que as operadoras nos dão. Há muito que melhorar nesse aspecto, em especial com relação aos call centers. Mas, mesmo reconhecendo ainda a existência de muitos problemas nas telecomunicações brasileiras, é inegável que elas avançaram muito em uma década.

O crescimento do tráfego telefônico é outro indicador interessante. A rigor, os brasileiros quase não se comunicavam em 1998. A cada dia, eram pouco mais de 100 milhões de ligações telefônicas. Em julho de 2008 eram completadas, em média, mais de 1,5 bilhão de chamadas por dia. Um aumento de 1.400%.

É indubitável que um crescimento tão expressivo do tráfego telefônico tem conseqüências positivas na economia, nas exportações, nas relações entre as pessoas, na aproximação de famílias, de grupos sociais, de empresas e de instituições. Em paralelo, surgiram no país novos serviços, como a internet. Os internautas brasileiros eram apenas 250 mil em 1998. No início de 2008, já eram 41 milhões — o que ainda é pouco, mas, reconheçamos, houve um bom avanço.

AS TRÊS GERAÇÕES

A primeira geração do celular, surgida nos anos 1980, era totalmente analógica. Os primeiros telefones celulares pesavam muito, eram essencialmente veiculares — ou seja, instalados em veículos —, consumiam a bateria com muita rapidez e as ligações sofriam todo tipo de interferência. Foram esses telefones veiculares que chegaram primeiro ao Brasil, nos sistemas instalados no Rio de Janeiro e Brasília a partir de 1990.

Por divergências e disputas judiciais entre indústrias concorrentes, a cidade de São Paulo teve que esperar até 1993 para ter seu primeiro sistema de telefonia celular. A partir desse ano, com a evolução da microeletrônica, os aparelhos já haviam diminuído seu tamanho e seu peso. Dois anos depois já existiam aparelhos analógicos com peso próximo de 100 gramas.

A segunda geração totalmente digital chega ao Brasil em 1997. É a dos telefones celulares atuais, que tem maior velocidade, maior estabilidade e duas variantes tecnológicas: o CDMA (de *Code Division Multiplex Access*) e o GSM (*Global Standard Mobile*), incompatíveis entre si. Nesta geração, os aparelhos evoluem continuamente, incorporando câmeras digitais, para foto ou vídeo, acesso à internet a velocidades crescentes, que vão desde 56 quilobits por segundo (Kbps) a 2,4 megabit/seg (Mbps).

TELEFONIA MÓVEL

A partir do ano 2001, o mundo começa a viver a transição da segunda para a terceira geração. Os celulares já oferecem acesso móvel à internet a 3,6 megabits por segundo (Mbps). Essa velocidade não é garantida na prática aos usuários, porque o sistema é compartilhado entre os usuários. Nos momentos de maior tráfego telefônico, esse compartilhamento de várias ligações na mesma banda faz a velocidade efetiva cair para 1 Mbps.

A terceira geração continua evoluindo, passando de serviços de download de 3,6 Mbps, para velocidades superiores, com as tecnologias HSDPA (*High Speed Download Packet Access*), ou serviços de upload, com a tecnologia HSUPA (*High Speed Upload Packet Access*). Esses dois avanços evoluíram para a comunicação bidirecional (download e upload) no que se chama simplesmente HSPA (*High Speed Packet Access*), com velocidades que vão de 7,2 Mbps, 14,4 Mbps e 28,8 Mbps.

E o futuro? Na realidade, o futuro já chegou, pois diversas empresas — tanto operadoras quanto fabricantes — já demonstram a viabilidade dos chamados Serviços de Evolução de Longo Prazo (LTE, de *Long Term Evolution*), com velocidades que já alcançaram no início de 2008 a incrível marca de 300 Mbps. Sim, leitor, 300 megabits por segundo, o que permitirá, teoricamente, a transmissão de até 18 programas de TV de alta definição via celular.

Acima de 20 ou 30 Mbps, o celular está ingressando na chama quarta geração, que se caracterizará pela interligação de redes. Além da própria rede celular, a telefonia móvel utilizará redes sem fio Wi-Fi, WiMax e outras.

Como será o celular 4g?

Muito além do que vemos nos celulares de hoje, as comunicações sem fio (wireless) criarão novos serviços e aplicações revolucionárias de mobilidade. O celular de quarta geração poderá ser muito semelhante a computadores de mão ou de bolso, mas terão capacidade de processamento iguais à dos supercomputadores de hoje. E deverão incorporar câmeras digitais, sistemas de tradução instantânea, localizador GPS, sistemas de armazenamento e reprodução de música digital, entre outros equipamentos. As comunicações sem fio significarão mobilidade, flexibilidade, conforto e liberdade. Será o triunfo da comunicação ubíqua, isto é, *em qualquer lugar, a qualquer hora.*

3G, A NOVA PAIXÃO

A telefonia celular de terceira geração (3G) chegou ao Brasil por etapas. Primeiro, com os telefones CDMA da Vivo, em 2005, usando a tecnologia EVDO, com a velocidade de 2,4 Mbps. Mas a Agência Nacional de Telecomunicações (Anatel) não concordou em abrir o leilão de freqüências para a 3G naquele momento e fez o Brasil esperar até 2007 para fazê-lo. As maiores operadoras participaram do leilão, compraram licenças para novas freqüências e se habilitaram a oferecer serviços de 3G. A primeira a oferecer esses serviços após o leilão foi a Claro, com 9 modelos diferentes de aparelhos celulares de terceira geração.

Para que 3G? Como acontece na Europa e na maioria dos países desenvolvidos, a terceira geração do celular amplia e multiplica os recursos do celular, possibilitando a prestação de novos serviços de alta velocidade, de dados e multimídia. E mais importante ainda: com a 3G, consolida-se a internet móvel.

Numa visita a Londres, em 2007, tive a oportunidade de experimentar alguns serviços da operadora Vodafone, com velocidade nominal de 3,6 megabits por segundo. A empresa preparava o lançamento de serviços ainda mais rápidos, de 7,2 Mbps, para o final de 2008. Usei uma placa USB de celular 3G em meu laptop e circulei pela capital britânica acessando a internet sempre a uma velocidade efetiva acima de 1 megabit/segundo. É uma experiência fantástica, que torna realidade um dos serviços mais desejados por executivos, estudantes, jornalistas e outros profissionais que precisam acessar a internet a qualquer hora, em qualquer lugar.

O grande salto da terceira geração é o uso quase ilimitado da banda larga. Com esse avanço, as operadoras podem oferecer serviços mais rápidos de acesso à internet, mais interatividade, melhores transmissões de vídeo e imagens, novos conteúdos, jogos sofisticados, serviços de localização, combinando GPS com triangulação de antenas, serviços de informação, rádio FM, câmera digitais de foto e de vídeo de alto padrão e serviços muito mais inteligentes.

Com o uso de memórias de 5 gigabytes, ou mais, o celular pode armazenar milhares de fotos e músicas em MP3. Os aparelhos mais sofisticados chegam a captar um trecho de música, pesquisar na internet autor, intérprete, identificando a canção e baixando-a inteirinha em nosso celular em poucos segundos por alguns centavos de euro.

Cenário mundial

O padrão mundial de 3G é chamado de Serviços Móveis de Telecomunicações Universais (UMTS, sigla de *Universal Mobile Telecommunications Service*), que usa a tecnologia WCDMA (*Wideband Code Division Multiplex Access*). Apenas a China terá uma variante desse padrão, o *Time-Division-Synchronous* CDMA (TD-SCDMA). Com a progressiva implantação desses padrões, deverão desaparecer as atuais incompatibilidades e disputas entre as tecnologias de segunda geração GSM e CDMA.

O fenômeno da expansão da telefonia móvel na Europa pode ser avaliado pela densidade ou penetração do celular em diversos países da Europa. Em maio de 2008, a Alemanha tinha 108 celulares por cem habitantes. A Espanha, 112. A Rússia, 114. A Escandinávia, 116. A Grã-Bretanha, 119. A Finlândia, 124. Portugal, 126. A Itália, 145.

AS 6 MAIORES REDES CELULARES DO MUNDO

1. CHINA	577 MILHÕES
2. ÍNDIA	284 MILHÕES
3. ESTADOS UNIDOS	266 MILHÕES
4. RÚSSIA	178 MILHÕES
5. BRASIL	133 MILHÕES
6. JAPÃO	111 MILHÕES

Em números absolutos, o Brasil era o quinto mercado do mundo em maio de 2008. Dos seis primeiros países do ranking mundial, quatro eram do grupo BRIC.

Fontes: UIT, Teleco, Telequest (julho 2008)

Brasil: 230 milhões de celulares em 2015

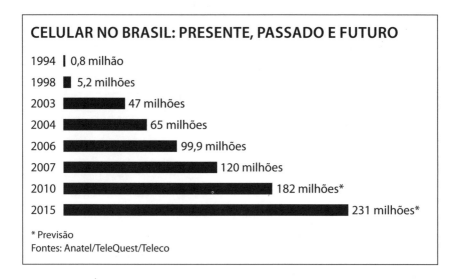

Com suas telecomunicações crescendo no ritmo que têm crescido nos últimos cinco anos, o Brasil passará dos atuais 133,1 milhões de celulares (julho de 2008) para mais de 200 milhões em 2015. A privatização acelerou de forma impressionante o crescimento da rede telefônica brasileira. Para a maioria da população, tudo isso é coisa normal. As pessoas esquecem os problemas do passado com muita facilidade. Houve uma época — até o começo dos anos 1990 — em que o Brasil era um país extremamente carente de telefones.

O indicador usado internacionalmente para a disponibilidade de telefones numa sociedade é o número de acessos (fixos ou móveis) por cem habitantes. Pois bem: em 1980, o Brasil tinha apenas oito telefones ou acessos por cem habitantes. Dez anos depois, eram treze por cem. A evolução durante o período Telebrás era muito lenta.

Nas décadas de 1970 e 1980, a escassez era tão elevada que se criou um mercado paralelo de telefones: uma linha residencial chegou a custar o equivalente a US$ 5 mil em diversos bairros da cidade de São Paulo. Em 1991, algumas linhas telefônicas destinadas a empresas eram vendidas por cerca de US$ 10 mil em diversos pontos da Grande São Paulo — como em

Alphaville, no município de Barueri. Repetindo: dez mil dólares por uma linha telefônica! Nas declarações de bens para o imposto de renda, ou nos espólios, as linhas telefônicas eram relacionadas como patrimônio valioso, além de imóveis, veículos e ações.

NO JAPÃO, CELULAR É PRINCIPAL MEIO DE ACESSO À INTERNET

"Ouvi o choro de meu primeiro neto e vi sua imagem na tela deste celular de terceira geração quando estava em Nova York." Por alguns instantes, Akinobu Kanasugi abriu um largo sorriso e se comportou como qualquer avô que fala do primeiro neto, nascido em maio de 2005. Nem de longe parecia ser o presidente da NEC, uma das maiores corporações japonesas da área de convergência digital. Em um minuto, ele retomava a entrevista, durante visita ao Brasil, dias depois do nascimento do neto. O tema era a expansão extraordinária do telefone celular e da internet no Japão.

PARA COMPREENDER O MUNDO DIGITAL

Para Kanasugi, o celular 3G cria um novo estilo de vida, exatamente como acontece com a internet, que promove uma verdadeira revolução em todo o mundo. Prova disso é que o Japão já tinha 800 mil blogs, num casamento perfeito entre web e celular. "Em todo o mundo explode o volume de informação disponível. No ano 2000 havia 200 milhões de páginas no Google. Hoje são 80 bilhões."

A maioria dos japoneses utiliza diariamente o celular como principal meio de acesso à internet, recebendo não apenas e-mails, mas mensagens de vídeo (ou *video-mails*), hoje quase tão populares quanto às mensagens curtas de texto (*short messages* ou torpedos). Com a terceira geração, explode também o comércio eletrônico móvel, o *m-commerce*.

Desde o início de 2008, o Japão só instala celulares 3G. A segunda geração é coisa do passado. Num total de 109 milhões de assinantes, 80 milhões já são de terceira geração. A grande expansão da telefonia móvel japonesa, no entanto, começou em 2001, na transição entre a segunda e a terceira geração, graças à estratégia de comercialização e marketing chamada *i-Mode*, totalmente concebida e voltada para os hábitos e preferências japoneses.

Kanasugi resume o que aconteceu: "O i-Mode criou uma nova cultura de serviços na sociedade japonesa. Ao mesmo tempo, ensinou o usuário a tirar o máximo proveito da internet. Hoje, avançamos um pouco além da 3G, e com um novo cartão inteligente o celular pode substituir cartões de crédito, dinheiro, carteira de identidade e tornar-se veículo de transporte de informações e acesso a novas mídias, como TV e rádio".

O consumidor japonês é um dos mais exigentes do mundo, revela o presidente da NEC: "Ele quer sempre mais. Mas isso é bom para a indústria, porque nos torna mais competitivos. E, curiosamente, os adolescentes descobrem como funciona um novo aparelho sem nem mesmo ler o manual, por tentativas e erros. Pesquisamos seu comportamento para descobrir como eles aprendem a usar o celular e quais seriam as novas aplicações que gostariam de usar".

> ### O celular se transformou numa espécie de canivete suíço?
>
> Sim! Mais do que telefone móvel, ele é hoje um terminal de convergência de serviços, associando câmera fotográfica e/ou de vídeo digitais, videogame, agenda eletrônica (PDA), computador de mão (*palmtop computer*), possibilitando o acesso à internet, download e armazenamento de música, recepção de rádio e TV, comércio eletrônico móvel (como uma carteira eletrônica ou cartão de crédito virtual), a navegação e localização via GPS e muito mais.

CELULAR ATÉ PARA MATAR MOSQUITO

A Coréia do Sul é talvez o país que dispõe dos maiores avanços em telefonia celular e comunicações de banda larga. Melhor ainda: os coreanos pagam pela banda larga os menores preços do mundo. Talvez, por isso, o país disponha de uma variedade incrível de serviços e de aplicações do celular.

Um dos mais curiosos é o celular que mata mosquito ou *mosquito killer*, que elimina os insetos com ultra-sons de alta potência emitidos pelo celular.

Outro serviço, o *dognostic,* permite que você coloque o celular próximo da boca de seu cão para que um veterinário faça o diagnóstico dos problemas do animal apenas ouvindo seu latido, dizendo em seguida se ele está triste, doente, com fome ou saudoso da namorada.

É claro que há centenas de aplicações muito mais sérias do telefone celular. A Coréia do Sul é um dos países mais adiantados do mundo em matéria de telecomunicações. Os números mostram essa liderança, em especial nos índices de penetração do celular 3G e na disponibilidade de serviços de banda larga.

A variedade de serviços e conteúdos nos celulares coreanos impressiona não apenas pela quantidade, mas também pela criatividade. Há serviços educativos, como o dicionário, de downloads de música, livros eletrônicos, karaokês, videogames, cartomancia, perseguições, navegação para veículos (os chamados *location based services*, ou LBS), câmeras de TV de vigilância, informações sobre tráfego, bolsa de ações, lista telefônica e informações sobre celulares, reservas de passagens e hotéis, serviços de comunicação da internet (como MSN ou messenger), busca de amigos e outros.

O celular na Coréia conta com todos os tipos possíveis de aplicações e serviços, criados por mais de quinhentas empresas desenvolvedoras de conteúdo que atuam no país. Mas a lógica tradicional brasileira parece não funcionar muito no caso das preferências campeãs da Coréia. Assim, por mais inusitado e estranho que possa parecer, a maioria dos usuários coreanos gosta de ver televisão na telinha de seu celular. Um dos programas de maior sucesso, chamado Noel, foi lançado primeiro no telefone celular, e só depois na TV. Mais parecido com nosso gosto é o campeão nacional da preferência: o download de músicas completas e não de ringtones — ou trechos de música que tocam como campainhas personalizadas; ou ainda os jogos eletrônicos, popularíssimos entre jovens.

4 COMPUTADORES

UM QUATRILHÃO DE CÁLCULOS POR SEGUNDO

A partir de um monstrengo chamado ENIAC (*electronic numerical integrator and computer*), o primeiro computador do mundo, inventado em 1946, a humanidade passou a utilizar de forma crescente essas máquinas. A longa estrada dos *mainframes* ao PC e aos laptops. Comecemos sua história pelo mais avançado supercomputador.

Até o dia 9 de junho de 2008, a velocidade dos supercomputadores era usualmente medida em *teraflop*, unidade equivalente a um trilhão de operações matemáticas de ponto flutuante por segundo (em inglês, *floating point operations*, ou *flop*). A partir daquela data, essa velocidade atinge o patamar do *petaflop* (um quatrilhão de operações de pontos flutuantes por segundo), com o recorde alcançado pelo supercomputador Roadrunner, de 1,02 petaflop — anunciado pela IBM naquela data.

Instalado em Los Alamos, no Novo México, o Roadrunner conquista assim a posição de mais rápido supercomputador do mundo, superando o ex-campeão Blue-Gene/L, também da IBM, a serviço do Laboratório Lawrence Livermoore, na Califórnia, que passa agora para o segundo lugar.

Para se ter uma idéia do que significa 1,02 petaflop como capacidade de processamento, Thomas D'Agostino, diretor da Administração da Segurança Nuclear Americana, fez a seguinte comparação: "Se todos os 6,5 bilhões de habitantes da Terra usassem calculadoras durante 24 horas por dia, 7 dias por semana, seriam necessários 46 anos para fazerem os cálculos que Roadrunner faz em apenas um dia".

A tarefa principal desse supercomputador em Los Alamos é monitorar o estoque de ogivas nucleares norte-americanas, bem como simular explosões atômicas para informar o grau de eficácia dessas armas com o envelhecimento. Mas o Roadrunner pode, é claro, prestar grandes serviços à ciência em geral, e à meteorologia em especial, como no estudo das mudanças climáticas. Em sua arquitetura, utiliza 13 mil microprocessadores Power-XCell chips, desenvolvidos originalmente pela IBM para o Playstation 3, da Sony, além de 7 mil processadores AMD Opteron Dual Core. Seu sistema operacional é o Red Hat Enterprise Linux.

O Roadrunner custou US$ 133 milhões. Com todos os seus bastidores e periféricos, o supercomputador pesa mais de 220 toneladas, ocupa uma área de quase 600 metros quadrados, com conexões de quase 100 quilômetros de fibras ópticas.

A quebra da barreira do petaflop era esperada. Para compreender melhor esse avanço, obtive permissão para uma visita exclusiva ao Laboratório de Almadén, da IBM, nas proximidades de San José, na Califórnia, com o objetivo de ouvir cientistas que trabalham no desenvolvimento de supercomputadores, como o Blue Gene e o próprio Roadrunner.

No alto de uma colina, entre belas árvores e ao som do canto de pássaros, o Laboratório de Almadén tem toda a tranqüilidade do mundo exigida pelos pesquisadores. Ali trabalha também, esporadicamente, o brasileiro Jean Paul Jacob, hoje consultor e cientista emérito da IBM que utiliza os recursos de pesquisa desse laboratório.

Em Almadén, conversei durante quase um dia inteiro com cientistas, como Jean Luca Bono, Jean Pieter, o próprio Jean Paul Jacob e outros. Num centro que tem a mística de fronteira mundial da tecnologia da informação, o visitante se sente fascinado pelo desenvolvimento da pesquisa baseada em supercomputadores.

Para Jean Pieter, a supercomputação é a mais poderosa e avançada ferramenta de pesquisa que qualquer país pode utilizar, não apenas para fins militares, mas, principalmente, científicos e tecnológicos. A simulação de fenômenos, como a poluição, o aquecimento global, a inflação, o crescimento populacional e as mudanças climáticas oferece grandes perspectivas de solução para esses problemas.

Por isso, a maioria dos países desenvolvidos vê a tecnologia de supercomputação como um símbolo de competitividade econômica nacional. Nas últimas décadas, a pesquisa na área dos supercomputadores assemelha-se a uma corrida mundial, uma disputa acirrada entre Estados Unidos, China, Japão, França, Alemanha e Reino Unido, entre outros países, rumo à conquista do petaflop. Quebrar a barreira do quatrilhão de cálculos por segundo era um sonho longamente acalentado por organizações científicas em todo o mundo.

É interessante acompanhar essa corrida mundial do desenvolvimento dos supercomputadores. O site especializado www.top500.org mostra um dos cenários mais completos desse setor, divulgando o resultado dos testes que medem a velocidade de processamento dos quinhentos maiores computadores do mundo.

Estados Unidos, Japão, Alemanha, Reino Unido e França são os países que mais investem nessa área de desenvolvimento. Até o ano passado, o Japão e a Alemanha tinham supercomputadores classificados entres os dez maiores do mundo. Neste ano, o cenário está inteiramente mudado, com a liderança absoluta dos Estados Unidos.

Após o anúncio do recorde mundial do Roadrunner pela IBM, em junho de 2008, a lista dos dez maiores supercomputadores do mundo passou a ser a seguinte, segundo o site acima:

1. Roadrunner IBM
2. IBM-BlueGene/L
3. IBM— Blue Gene/P
4. SGI-Altix ICE 8200
5. Hewlett-Packard, Cluster Platform Infiniband
6. Hewlett-Packard Cluster Platform 3000
7. Cray Inc. Red Storm
8. Cray Inc. Jaguar
9. IBM-Blue Gene Solution
10. Cray Inc.

Japão versus Estados Unidos

Em 2002, quando os japoneses anunciaram que o Earth Simulator, da japonesa NEC Corp., havia alcançado a velocidade de 35 teraflops (trilhões de flops) e conquistado o título transitório de mais rápido supercomputador do mundo, a notícia chocou as autoridades norte-americanas. Dias depois, para surpresa dos especialistas, a IBM anunciava que seu supercomputador Blue Gene/L acabava de atingir a velocidade de 36,01 teraflops em teste feito nas instalações de sua fábrica, em Rochester, Minnesota. E mais: consumindo apenas 1/28 da energia utilizada por seu rival da NEC para obter o mesmo desempenho.

"Bater o recorde japonês é apenas o começo de uma longa jornada", diz Dave Turek, vice-presidente de Computação de Alta Performance da IBM. Poucos meses depois, o Laboratório Lawrence Livermore, vinculado à Universidade da Califórnia, e dedicado à área de segurança nuclear, recebeu da IBM uma versão mais avançada do Blue Gene/L, que alcançou a velocidade de 360 teraflops, quer dizer, dez vezes mais do que o recorde anterior. E o Blue Gene/L ainda prometia ir mais longe: quebrar a barreira do petaflops até 2008 graças à sua arquitetura escalar, isto é, que evolui ao longo do tempo. Essa façanha acabou sendo realizada pelo Roadrunner, em junho de 2008.

PARA QUE SUPERCOMPUTADORES?

Qual é a real utilidade dos supercomputadores? Nos anos 1980 e 1990, eles eram utilizados principalmente para projetar armas e reatores nucleares. Hoje, têm dezenas de aplicações pacíficas e científicas, como em biotecnologia ou ciência dos materiais. O maior supercomputador da NEC — Earth Simulator (simulador da Terra) — é utilizado para pesquisar o clima no mundo. Com sua incrível capacidade de cálculo, os cientistas esperam ampliar substancialmente o conhecimento das causas das variações climáticas no planeta, de modo a fazer previsões meteorológicas confiáveis com mais de trinta dias de antecedência.

Já o Blue Gene/L tem sido utilizado em diversas aplicações comerciais, como, por exemplo, na indústria de petróleo ou em biotecnologia. Quando sua arquitetura alcançou a configuração máxima, no final de 2004, esse supercomputador da IBM passou a utilizar 130 mil processadores, em lugar dos 16 mil iniciais do protótipo que bateu o recorde de velocidade em setembro.

Para medir a velocidade dos supercomputadores, os cientistas usam um software padrão, o Linpack, que dá à máquina a tarefa de resolver simultaneamente uma centena de equações. O teste mede não apenas a capacidade de cálculo da unidade de processamento central (CPU), em pontos flutuantes por segundo, mas também a velocidade de acesso às memórias.

O primeiro supercomputador do mundo foi o Craig-I, lançado em 1976, que era um fenômeno para a época, mas que hoje não chegaria a superar nossos melhores PCs em velocidade de processamento. E com uma agravante: o Craig custava alguns milhões de dólares.

Na avaliação do professor Michio Kaku, do City College de Nova York, os supercomputadores deverão ter grande impacto no futuro da humanidade. Para ele, é bem provável que as nações desenvolvidas do século XXI venham a depender mais do supercomputador do que de qualquer outro recurso tecnológico.

O que esperar dos computadores no futuro?

Em 2015, nosso computador pessoal será tão avançado que fará o mais sofisticado computador de 2006 parecer um brinquedo jurássico. Para se ter uma idéia, de 1950 a 2000, o poder de processamento dos computadores cresceu 10 bilhões de vezes. Com a evolução da microeletrônica, teremos inúmeros sensores, microprocessadores e minúsculos computadores espalhados ao nosso redor, embutidos em roupas, paredes, semáforos, em todo lugar. Outros computadores serão vestíveis, como roupas (casacos, paletós ou jaquetas).

O professor João Antonio Zuffo, da Universidade de São Paulo, na mesma linha de raciocínio, afirma que o impacto do supercomputador na vida brasileira será, com certeza, dos maiores, não apenas na pesquisa científica e tecnológica, mas em centenas de aplicações de realidade virtual que deverão trazer enormes benefícios ao ensino e à educação.

Ainda segundo Zuffo, o supercomputador abrirá novas perspectivas para a indústria de entretenimento, possibilitando a produção de espetáculos com novos recursos de multimídia e realidade virtual, inclusive da chamada realidade virtual colaborativa, tridimensional, por meio da qual desenhistas localizados em cidades ou continentes distantes poderão trabalhar nos mesmos projetos por intermédio de supercomputadores interligados em rede, compartilhando dos mesmos recursos de software em processamento gráfico.

Além de desenvolver supercomputadores de baixo custo, os pesquisadores de todo o mundo estão aprendendo a criar outros equipamentos com a associação de milhares de processadores em paralelo — técnica designada pela palavra inglesa *cluster* (aglomerado, penca, cacho) — em especial para produzir projetores de imagens de alta definição de baixo custo. E, em menos de uma década, com o desenvolvimento acelerado da microeletrônica e da nanotecnologia, poderemos contar com desktops e laptops tão potentes quanto os supercomputadores de hoje. Os supercomputadores, por sua vez, deverão alcançar velocidades centenas ou milhares de vezes mais altas do que a do Blue Gene/L, do Earth Simulator, ou mesmo do Roadrunner.

UM POUCO DE HISTÓRIA

Assim nasceu e evoluiu o computador

Vale a pena relembrar o nascimento do computador. Pois bem, o primeiro computador digno desse nome era uma máquina imensa, lenta, cara e pouco confiável. Assim era o ENIAC (*electronic numerical integrator and computer*), inaugurado em fevereiro de 1946, na Universidade da Pensilvânia. Seu preço: US$ 20 milhões da época (hoje, algo como US$

600 milhões). Ocupava o espaço de uma sala inteira, tinha 18 mil válvulas e pesava muitas toneladas. Quem visitar o Departamento de Eletricidade da Universidade da Pensilvânia, ainda poderá ver uma parte do ENIAC original numa de suas salas.

O computador completou 60 anos em fevereiro de 2006. Nesse período razoavelmente curto da história, ele tem revolucionado a vida humana. Para quem acompanha a história da informática, é difícil entender como aquela imensa máquina pudesse se transformar nos incríveis laptops ou palmtops desta primeira década do século XXI.

No começo, só as grandes empresas e repartições públicas poderiam investir em máquinas de grande porte, os chamados *mainframes*, para ampliar e modernizar seus sistemas de informação. Com o tempo foram surgindo computadores menores, como os minicomputadores dos anos 1970.

O grande salto na popularização da informática, contudo, veio com o microcomputador, computador pessoal ou PC, que surge em 1978, pouco mais de três décadas depois do ENIAC. Os primeiros e mais famosos eram o Apple II, o Commodore e o TRS-80. O IBM PC só chega em 1981.

Ao longo de duas décadas, de 1980 a 2000, o computador pessoal se transforma em ferramenta de trabalho de mais de um bilhão de pessoas, que passam a utilizá-lo em seu dia-a-dia, na indústria, na escola e em suas residências. A difusão acelerada dessa máquina no mundo consolida a revolução da informação, não apenas no trabalho de pesquisa, mas praticamente em todas as atividades humanas. As crianças de hoje já nascem num mundo computadorizado, convivendo com videogames, brinquedos eletrônicos, telefones celulares e internet. Que diferença de minha infância, nos anos 1940, numa velha fazenda de café, no interior de São Paulo, em contato com a natureza, nadando, pescando e correndo pelos campos.

A história da Apple e do Mac

Vale a pena rever a evolução dos computadores pessoais de 1977 até hoje. A Apple Computer é uma das empresas umbilicalmente ligadas ao computador pessoal. Fundada em 1976, por dois jovens, Steve Jobs e Steve Wozniak, numa garagem de Cupertino, Califórnia, essa empresa tem tido papel revolucionário na informática pessoal nas últimas três décadas. Seu primeiro produto de sucesso foi o microcomputador Apple II, do qual foram vendidos mais de 20 milhões de exemplares ao longo dos anos 1970 e parte dos 1980.

Em 1979, Steve Jobs fez uma visita histórica ao Centro de Pesquisa de Palo Alto (PARC, na sigla em inglês), da Xerox, onde conheceu o protótipo de um computador pessoal chamado Alto. Dali, Jobs levou uma gama de idéias sobre o projeto de computador e sobre a interface gráfica de usuário (GUI, de *graphic user interface*) — que são aqueles ícones sobre os quais clicamos para fornecer os comandos ao computador. Com essa interface, Steve Jobs desenvolveu as duas famílias de computadores — Lisa e Macintosh — e confessou que seu objetivo era "lançar produtos incríveis e com eles mudar o mundo da computação e da eletrônica de entretenimento".

Lançado em 1983, o Lisa não fez o menor sucesso, principalmente por causa de seu preço muito elevado, na faixa de US$ 11 mil. O Macintosh, ao contrário, se converteu num sucesso capaz de mudar a indústria do computador por mais de uma década. O sucesso do Mac, no entanto, custou caro a Steve Jobs, que foi forçado a deixar a Apple, em 1985, pressionado por John Sculley, executivo que dirigiu a empresa até 1993.

O Macintosh completou 20 anos no dia 24 de janeiro de 2004. Depois dele a microinformática não seria mais a mesma em todo o mundo. O grande diferencial do Macintosh resume-se em cinco qualidades essenciais: 1) facilidade de uso (*user friendly*); 2) estabilidade; 3) maior capacidade de processamento; 4) extraordinária flexibilidade no processamento de imagens; e 5) abundância de softwares para multimídia e aplicações educacionais.

A princípio os usuários não sentiram muito entusiasmo pelo Mac, pois ele parecia ser apenas uma versão miniaturizada do Lisa. Mas logo veio a reação, diante da descoberta dos recursos da máquina, que fazia tudo que o Lisa por menos de um terço de seu preço graças a três inovações ousadas. Uma delas era o sistema operacional mais amigável criado até então, baseado

COMPUTADORES

em interface gráfica de usuário, com a simplicidade e a clareza dos ícones. Em segundo lugar, o poder de fogo do primeiro microprocessador de 32 bits para computadores pessoais, o chip Motorola 68.000. Por fim, a novidade do mouse, recurso incorporado definitivamente nos anos seguintes como peça essencial do computador pessoal.

Nenhuma dessas três inovações, curiosamente, havia sido criada pela Apple. Além do chip da Motorola, o Mac utilizava o mouse e a interface gráfica de usuário que haviam sido desenvolvidos no famoso PARC.

A trajetória do Macintosh a partir de 1984 mostra, acima de tudo, ousadia nas inovações, embora a Apple tenha enfrentado momentos de crise. Mas nenhuma outra linha de computadores pessoais poderia hoje retratar de forma tão completa e precisa a evolução da informática em todo o mundo nas últimas três décadas. Assim, quando comparamos o primeiro Mac com o modelo G5, lançado em 2003, vemos que a memória de acesso aleatório (*randomic access memory*, ou RAM) deu um salto de mais de mil vezes, passando de 256 quilobytes (KB) para 256 Megabytes (MB), com a possibilidade de expansão até 8 Gigabytes (GB).

Nos modelos sucessores do primeiro Mac, como o Macintosh II, a Apple anunciava com orgulho a elevação da memória RAM do Mac para 512 kbytes. E, em 1986, a possibilidade de expansão da memória para até 4 Megabytes. O clock, salta de 8 MHz no primeiro Mac, para 16 MHz em 1986.

Além do avanço representado pelo mouse e pelo sistema operacional amigável, o primeiro Mac inovava também na época com o uso de disquetes de 3,5 polegadas, com 400 quilobytes (Kbytes). Com os novos chips Motorola 68.030, em 1989 e 1990, o Mac SE/30 se torna o primeiro computador pessoal a oferecer um slot de expansão e disco rígido interno.

A primeira tentativa da Apple de lançar um computador portátil, com o Mac Luggable, por volta de 1990, foi um fracasso total. Ele pesava quase oito quilos e ainda usava os chips 68.000, de 8 MHz. Mas em 1991 surgiu a série vitoriosa de portáteis, os Mac 170, com tela monocromática de cristal líquido e já com a designação geral de Powerbooks.

O primeiro custava cerca de US$ 4.500, o que não o impediu de fazer grande sucesso. Mas os preços caíram rapidamente. A saída de Steve Jobs em 1985 assustou todos os usuários do Mac e amigos da Apple, mas a empresa conseguiu reagir logo ao choque com as técnicas de marketing do novo presidente, John Sculley, que vinha da Pepsi-Cola.

Um dos primeiros e polêmicos negócios de Sculley foi o contrato de licença com a Microsoft, autorizando a empresa de Bill Gates a utilizar a interface gráfica do sistema operacional Macintosh no desenvolvimento do Windows 1.0, que se torna um produto comercial no fim da década de 1980. Vale lembrar que os PCS utilizavam até então o sistema operacional MS-DOS (sigla de *microsoft disk operational system*), pouco amigável, que exigia comandos escritos.

Quando as coisas pioram, em 1993, Sculley deixa a Apple, substituído por Michael Spindler. O pior problema ocorreu com os computadores Mac Performa, que visavam ao mercado residencial, mas não fizeram o sucesso esperado, em especial por causa de seu preço. A Apple parte, então, para uma das mais agressivas políticas de marketing, lançando mais de trinta modelos diferentes de 1993 a 1996. Nesse período, surgem os primeiros clones oficiais do Mac, com a empresa licenciando novos fabricantes de hardware e autorizando o uso de seu sistema operacional (Mac OS). Mas a experiência não deu bons resultados e a Apple voltou a ser a fabricante exclusiva de hardware.

Na escolha dos fornecedores de seus microprocessadores exclusivos de 32 bits, ao longo dos vinte anos do Mac, a Apple oscilou entre a Motorola e a IBM. Depois da série 600 da IBM, vêm o G3 e o G4 da Motorola. Na área dos sistemas operacionais, a Apple dá o grande salto ao mudar para o OS-X (a décima geração de seus sistemas), um Unix-like que vai rodar com muito maior estabilidade e poder de processamento, especialmente em máquinas dotadas de microprocessadores mais poderosos, como ocorre a partir de 2003, com o lançamento do G5, chip da IBM, o primeiro de 64 bits para computadores pessoais, um dos mais avançados chips da atualidade. E, em 2007, a decisão mais surpreendente, ao aderir ao Intel Core Duo, ampliando a compatibilidade com os PCS e a maioria de seus aplicativos.

Jobs retorna à Apple em 1997, e inicia o processo de reestruturação da empresa. Introduz um novo sistema operacional, que havia trazido da Next, o os-x. Em 2001, lança o iPod, um gravador-reprodutor de música MP3, que inaugura uma nova fase da Apple, ou seja, como empresa de eletrônica de entretenimento. Em seguida, cria a loja virtual iTunes para permitir que os usuários possam baixar músicas a US$ 0,99 cada faixa e preencher seus iPods.

O novo sucesso da Apple é o iPhone, telefone celular lançado em 2007, que está ganhando o mundo por sua interface *touch-screen*, com teclado e menu inteiramente virtuais.

MacBook Pro com chip Intel

Só quem usa e trabalha com um MacBook Pro da Apple pode avaliar o avanço tecnológico que esse novo laptop da Apple representa. É uma espécie de *dream machine*. Lançado em fevereiro de 2006 nos Estados Unidos, ele foi o primeiro laptop de uma linha completa de portáteis da Apple a usar a nova geração de microprocessadores Intel Core Duo e, em seguida, das versões mais modernas como Intel Core 2 Duo.

O ponto alto da nova geração foi sua velocidade de processamento. Graças ao chip Intel, o MacBook Pro alcançou de início velocidade quatro vezes maior que seu antecessor, o Powerbook G4, que já era uma excelente máquina. Seu desenho é bonito e funcional, com apenas uma polegada (2,5cm) de espessura e 2,5 kg de peso.

O MacBook Pro é mais do que ferramenta de trabalho: é banco de dados, terminal de acesso sem fio à internet, centro de multimídia e de comunicação, hobby, brinquedo e entretenimento. Com ele o usuário recebe e transmite e-mails, baixa músicas, fotos e vídeo, produz apresentações, grava DVDs, prepara seleções de músicas para seu iPod, e se diverte onde estiver, em casa, no escritório, no avião, no aeroporto, nas salas de imprensa ou nos hotéis, no Brasil e no mundo. E, um detalhe especial: o MacBook Pro já vêm com câmera de vídeo embutida para videoconferência.

Finalmente, a duplicidade de sistema operacional. Como usuário, eu sonhava há muito tempo com a possibilidade de usar dois sistemas operacionais num só computador, trabalhando, por exemplo, num Mac que rodasse tanto o sistema operacional os-x quanto o Windows. Agora já posso fazê-lo e, curioso, o sonho é realizado com o aval da própria Apple, que passou a oferecer inicialmente o software beta Boot Camp, que permite aos Macs com processadores Intel rodar o Windows xp.

O mundo Microsoft

A história da Microsoft se confunde com a própria história do microcomputador. Criada por dois estudantes de Harvard (Bill Gates e Paul Allen), em 1980, a empresa é hoje responsável pelo fornecimento de sistemas operacionais para mais de 95% dos pcs do mundo. Sim, a quase totalidade dos pcs do planeta roda seus aplicativos em ambiente Windows, isto é, com sistema operacional da Microsoft. Naturalmente, essa massa de mais de 1 bilhão de computadores pessoais também roda aplicativos desenvolvidos pela Microsoft.

"O primeiro período da Microsoft — lembra Craig Mundie, diretor de estratégia tecnológica e marketing da empresa, em Redmond, estado de Washington — é o dos desktops. Essa fase é caracterizada pelo uso predominante de planilhas eletrônicas e de processadores de texto. Em seguida, os pcs passam a ser interconectados via internet."

O pc nasce como decorrência da própria inovação representada pelo advento do microprocessador. Nesse primeiro período, que abrange os anos 1980, nascem as redes cliente-servidor, que representam grande salto como alternativa ao centralismo dos *mainframes*.

Já nos anos 1990, o grande foco do desenvolvimento da microinformática passa a ser a conectividade. Assim, com a popularização dos pcs, as pessoas buscam interligar seus computadores por intermédio das redes locais. Essa conectividade explode em escala mundial, com a internet, que, por sua vez, estimula os programadores a criar milhões de novas aplicações, no que poderia ser chamada de era da interconexão de pcs via internet. É nessa etapa que o mundo implantou a chamada plataforma universal de computação via internet.

A partir daí, muitos outros aparelhos ou dispositivos — tais como celulares, games, automóveis, televisores, relógios de pulso, câmeras digi-

COMPUTADORES

tais, PDAS e outros — ganham inteligência graças aos microprocessadores. A microinformática evolui, então, para o segundo período, que é o da interconexão de todos esses dispositivos e máquinas inteligentes.

No cenário pós-ano 2000, a microinformática passa a ter uma grande interconexão, não apenas via redes locais e PCS, mas via internet e outras redes. É nesse período que surgem duas aplicações dominantes (*killer applications*): a popularização explosiva do correio eletrônico (*e-mail*) *e* os navegadores da internet (*web browsers*).

E o cenário futuro? Segundo Craig Mundie, por volta de 2015 essa plataforma de computação da internet evoluirá para o que podemos chamar de "arquitetura de serviços da internet" (*web services architecture*). "Prevejo o advento de ferramentas que permitirão às pessoas criarem seus próprios aplicativos, além de milhões de outros programas que serão criados pelos programadores e desenvolvedores de todo o mundo. Esses aplicativos irão beneficiar não apenas a área de negócios, mas, principalmente, a produtividade pessoal e o entretenimento."

E num futuro ainda mais remoto? Alguns futurólogos têm lançado nos últimos anos a polêmica especulação de que o PC, pelo menos como o conhecemos, vai desaparecer. A primeira previsão era a de que ele não mais existiria por volta do ano 2000. Chegou o ano 2000 e o PC não acabou. É bem provável que ele sobreviva no mínimo até o 2020 como ferramenta de trabalho, estudo, pesquisa e entretenimento de bilhões de seres humanos.

É claro que, um dia, talvez entre 2020 e 2025, o PC desapareça de nossos olhos. Por enquanto, à medida que a tecnologia evolui, o computador pessoal vai ganhando mais espaço em nossa vida, assumindo praticamente o controle de dezenas de funções e tarefas no escritório, no laboratório e nas residências. Essa tendência parece assegurar ainda um brilhante futuro ao PC, de até duas décadas, pois seu uso se dissemina cada dia mais, tanto conectado em redes de cabos quanto em redes sem fio.

Impulsionado pelo progresso da microeletrônica e do software, o PC continuará a aumentar seu poder de processamento, confirmando a verdade da frase de Gordon Moore, o fundador da Intel: "O supercomputador de hoje será o PC de amanhã".

SOFTWARE É INTELIGÊNCIA ARMAZENADA

Software é uma ferramenta digital que nos permite criar projetos e os mais variados tipos de trabalho. Você já pensou, leitor, como seria hoje a vida humana sem essas ferramentas digitais? Gostemos ou não, dependemos a cada dia mais desses milhares de aplicativos, como os browsers, os processadores de texto, planilhas, softwares para apresentações, banco de dados, fotografia digital, vídeo, telefonia de voz sobre IP, programas para gravação musical, desenho, projeto e tudo o mais. Essas ferramentas computadorizadas revolucionam a gestão de empresas, as profissões, a educação, o entretenimento, o trabalho, a educação, a ciência e as artes.

Os computadores não têm inteligência. Tudo que fazem é controlado pelo software — programas, aplicativos ou sistemas operacionais. Software é a inteligência humana armazenada em pastilhas de silício para uso das máquinas.

Um bom exemplo de software moderno são as soluções embutidas (*embedded solutions*) e os sistemas embutidos (*embedded systems*). Não há tecnologia da informação sem software. Sob a forma de programas operacionais ou de aplicativos, o software faz funcionar e dá aplicações práticas aos computadores e a milhares de máquinas — como PDAS, celulares, câmeras digitais, iPods, sistemas de navegação via satélite, browsers da internet, planilhas, processadores de texto e sistemas de comunicações.

O software cria novas possibilidades de compressão digital — como ADSL, HDSL, XDSL, VOIP — e reconhecimento vocal e novos formatos digitais e padrões, tais como MPEG2, MPEG4 e/ou MP3.

A REVOLUÇÃO DAS FERRAMENTAS DIGITAIS

Para a indústria moderna, as mais importantes ferramentas digitais são, sem dúvida, os softwares de projetos apoiados em computador, conhecidos pela sigla CAD. Com eles nascem diariamente milhares de desenhos de produtos industriais na tela de desktops e laptops, em imagens que parecem ter vida, em três dimensões (3D).

COMPUTADORES

Não há país desenvolvido que não domine o uso e a produção desses softwares. Embora se torne cada vez mais fácil de usar, como a maioria dos softwares, o CAD evolui com rapidez impressionante. Exige, portanto, atualização permanente do conhecimento do usuário.

Muito mais do que outras ferramentas, o CAD é considerado precioso instrumento da criatividade humana para incontáveis formas de inovação, funcionalidade, segurança e produtividade.

Ao surgir, há alguns anos, o CAD em duas dimensões para computadores desktop permitiu que as pessoas pudessem fazer coisas que até então eram quase impossíveis — como apagar parte ou detalhes dos desenhos, usar moldes ou *templates*, ou fazer mudanças muito mais fáceis nos projetos. O grande salto nessa área, contudo, foi a chegada do CAD 3D digital aos desktops, permitindo coisas ainda mais extraordinárias. Para aplicar esses softwares em suas áreas, as grandes empresas passaram, então, a desenvolver programas cada vez mais avançados e sofisticados.

Algumas dezenas de empresas de prestígio surgiram nas últimas quatro décadas no mundo na área de CAD, oferecendo poderosas ferramentas de projeto. No entanto, dois problemas tornavam o uso do CAD 3D difícil e inacessível a milhares de empresas: os preços elevados e a excessiva complexidade do software básico. Esses desafios perduraram ainda por um bom tempo.

É nesse ponto que entra em cena uma empresa inovadora, a SolidWorks Corporation, criada em 1993, nas vizinhanças de Boston. Seu primeiro grande produto foi um software básico 3D de baixo custo, fácil de usar e inovador, rodando em ambiente Windows. Esse software acabou por tornar-se padrão mundial do mercado de CAD 3D. Criando um ambiente novo e acessível para todos, o SolidWorks 3D passou então a competir com produtos como AutoCAD, Unigraphics NX e Pro/Engineer, entre muitos outros.

Esse software básico 3D é intuitivo, de modo a permitir que todo engenheiro ou projetista possa aprendê-lo com extrema facilidade. Com ele tornou-se possível avaliar mais alternativas de projeto, reduzir erros, aumentar a qualidade do produto, fazer modelagem sólida e realizar os mais diversos tipos de trabalhos.

Jon Hirschtick, co-fundador da empresa SolidWorks, resume a história do CAD: "O primeiro software CAD, digno desse nome nasceu por volta de 1963. Era o Sketchpad, criado pelo professor Ivan Sutherland, do MIT, no começo dos anos 1960. De lá para cá o progresso foi incrível. Hoje, os softwares de projeto e desenho industrial nos ajudam a projetar tudo, de simples parafusos a aviões, satélites e foguetes; do mais simples objeto pessoal ou doméstico à mais complexa usina produtora de etanol no Brasil".

O CAD evolui em todos os aspectos. Alem da facilidade de uso, esses aplicativos ganham sempre mais confiabilidade. É provável que, em uma década, quase todos os programas aplicativos de CAD deverão estar hospedados na internet, especialmente com a popularização dos softwares abertos (*open source*). Para usá-los, bastará baixá-los nos websites especializados.

COMPUTADOR PROJETA TUDO

Difícil seria encontrar uma área em que a computação ainda não seja essencial para a criação e produção de novos chips, peças, motores, brinquedos, tratores, aviões, motos, foguetes, submarinos, satélites, fábricas inteiras ou instalações industriais complexas. O Boeing 777 foi o primeiro avião inteiramente projetado em computadores, nos anos 1990. Desde sua concepção inicial, até a conclusão do projeto, tudo foi simulado em computadores. Ao longo das últimas décadas, o computador se transformou na mais poderosa ferramenta de projeto e fabricação de peças e produtos.

Três recursos fundamentais de computação têm grande importância hoje em dia: a) os projetos assistidos por computador (*computer-aided design*, ou CAD); b) a fabricação assistida por computador (*computer-aided manufacturing*, ou CAM); e c) os processos de engenharia assistidos por computador (*computer-aided engineering*, ou CAE). As três siglas, CAD-CAM-CAE, costumam ser apresentadas em conjunto, porque correspondem a etapas sucessivas.

Antes do computador, quase tudo dependia da habilidade e do talento de desenhistas ou projetistas, armados apenas de lápis, papel, régua e compasso, num trabalho bem mais difícil, lento e complicado. A partir dos anos 1960, tudo começa a se transformar com o uso do computador. Mas, nos primeiros tempos, para usar o computador era preciso conhecer programação e deter conhecimentos matemáticos especiais. Só os especialistas conseguiam, assim, projetar uma peça no computador. Com o tempo, surgem os softwares do tipo CAD, que tornam tudo mais fácil, permitindo a qualquer usuário de PC, com treinamento rápido e adequado, fazer coisas aparentemente geniais.

Vieram depois os grandes saltos tecnológicos dessa área, como, por exemplo, a passagem dos softwares 2D para os 3D, e, principalmente, os softwares paramétricos, muito mais poderosos no tocante às dimensões e à complexidade dos projetos.

Graças ao poder dos milhares de softwares dessa área tecnológica, o computador passou a abrir um mundo de novas possibilidades na área de projetos e desenhos. Entre muitos outros, esses softwares são conhecidos por nomes comerciais próprios (como o Pro-Engineer, da PTC, ou o AutoCAD, da AutoDesk), ora pelo nome do fabricante (como SolidWorks ou Alias).

Entre as empresas altamente especializadas está a PTC, produtora dessas ferramentas virtuais do mundo localizada nas proximidades de Boston, e que pode ser considerada um dos bons exemplos do avanço dessa tecnologia. Nesta região dos Estados Unidos se concentram, aliás, numerosas empresas de alta tecnologia, muitas delas incubadas por universidades famosas, como Harvard e o MIT.

Fundada em 1985 com o nome de Parametric Technology Corporation, a PTC tem quatro famílias principais de ferramentas de CAD, CAM e CAE. A primeira e mais tradicional é o Pro-Engineer, que integra projeto, fabricação e processos de engenharia numa única ferramenta. A segunda é o WindChill, um software de gerenciamento de processos e conteúdo. A terceira é o Arbortex, destinado a editoração dinâmica. E, finalmente, o MathCad, destinado a cálculo de engenharia.

É claro que a maioria das grandes empresas brasileiras são usuárias de CAD-CAM-CAE, em geral, e de produtos e ferramentas dessas famílias de produtos. Entre elas estão a Embraer, a Petrobrás, a Imbel, a Randon, a Tramontina, a Lorenzetti, a Tigre (conexões), a Gradiente, o Itautec e a Brastemp.

Para John Stuart, vice-presidente sênior de Parceiros Globais e Educação da PTC, "o papel das universidades e a qualidade da educação são fatores decisivos em qualquer país para o desenvolvimento e a criação de softwares de CAD-CAM". Mesmo os países produtores de software em geral têm dificuldade de encontrar profissionais em quantidade suficiente e com o nível adequado de formação exigido para a criação desses softwares mais avançados, tridimensionais ou paramétricos.

Como tecnologia de ponta na área de computação, a criação de softwares de CAD-CAM no Brasil ainda é incipiente. Nesse aspecto, o trabalho da PTC é significativo, pois a empresa tem ampliado sua contribuição educacional, passando de duas mil escolas em 2001, em 2 países, para 12 mil em 2005, em 28 países. Seus planos prevêem alcançar 40 mil escolas em 2008, beneficiando 45 mil professores e 15 milhões de estudantes em 40 países.

O maior esforço, no entanto, deveria ser dos próprios países, como no caso do Brasil, que já tem significativa experiência na área de software em geral.

A MAGIA DA VIRTUALIZAÇÃO

O que é virtual? Leio num dicionário de tecnologia que "virtual é a qualidade daquilo que tem a mesma essência, aparência ou produz os mesmos efeitos de outra coisa". A realidade virtual, por exemplo, cria ambientes ou situações que nos permitem caminhar, mudar de direção e de perspectiva, dando-nos a perfeita sensação de estarmos num espaço tridimensional e simulando de forma quase perfeita o mundo real.

A tecnologia tem diversos caminhos e opções para criar esse mundo virtual no computador. Mais do que isso: o potencial da virtualização é tão grande, com tantas vantagens práticas, que chega a constituir um novo campo da informática, simulando máquinas e ferramentas, aplicativos e recursos jamais sonhados no passado.

Por sua abrangência, contudo, o conceito de virtualização ainda não é bem compreendido pelo usuário comum. E, pior: as definições na linguagem cifrada dos especialistas não ajudam muito. Vejam esta pérola: "Virtualização pode ser o modo de apresentação ou agrupamento de um subconjunto lógico de recursos computacionais de tal forma que possam ser alcançados resultados e benefícios como se o sistema estivesse sobre a configuração nativa".

Fiquemos, então, com o lado essencialmente prático da virtualização, e, em especial, de suas aplicações mais interessantes. Uma delas consiste em se criar uma máquina virtual dentro de nossos computadores ou servidores, permitindo que o microprocessador simule a existência de outro processador capaz de rodar sistemas operacionais iguais ou diferentes.

O mundo enfrenta hoje o problema da subutilização de computadores, servidores e *data centers*. Daí o grande valor prático da virtualização. Com ela podemos utilizar esses recursos de forma muito mais intensa e racional. Como usuário individual, por exemplo, não uso mais do que 4 ou 5% do potencial de meu desktop, mesmo trabalhando nele dez horas por dia. Imagine quantos milhões de máquinas subutilizadas existem no mundo.

No passado, a virtualização só era aplicada em *mainframes*, ou seja, em máquinas de grande porte, com o objetivo de reduzir custos administrativos. Como os computadores pessoais modernos têm suficiente poder de processamento, podemos então usar a virtualização para simular a existência de muitas máquinas virtuais menores, cada uma delas rodando num sistema operacional independente e separado.

Para utilização prática da virtualização já existem programas de sucesso — como o vmware, o kvm (que é um módulo do núcleo do Linux) e o Xen — estes dois últimos, plataformas abertas. A abreviatura

VM significa *virtual machine*, ou máquina virtual, ou seja, a virtualização de hardware para rodar mais de um sistema operacional ao mesmo tempo graças às chamadas camadas de abstração de harware, como, por exemplo, o Xen.

Há uma grande competição entre os fornecedores de ferramentas e soluções comerciais de virtualização. Conhecer uma empresa de virtualização ajuda-nos a entender melhor o alcance dessa tecnologia. Com esse propósito, ouvi recentemente Khartik Rau, vice-presidente da Vmware Inc., de Palo Alto, Califórnia, empresa que desenvolveu o produto VMware em seu centro de pesquisa em Cambridge, Massachusetts. O nome da empresa é uma espécie de trocadilho com a expressão *virtual machine*.

Khartik Rau lembra que, graças a esse software, os novos computadores Macintosh com chip Intel podem transformar-se em verdadeiras feras, rodando não apenas seu sistema operacional original OS-X, como também Windows, Linux, NetWare ou Solaris.

Nas empresas, uma das tendências de aproveitamento máximo da infra-estrutura tem sido, até aqui, a consolidação de servidores, estratégia que consiste em utilizar equipamentos mais robustos, que disponham de mais recursos de processamento e espaço em disco, para hospedar as mais variadas aplicações corporativas.

A virtualização oferece ainda mais vantagens do que a consolidação de servidores, cujo grande risco está na centralização. Se um grande servidor pára, tudo pára. Além disso, a virtualização proporciona diversidade de sistemas operacionais nas mesmas máquinas, otimiza recursos, economiza energia e eleva a produtividade. Por essas qualidades, ela já é utilizada por 40% das empresas nos Estados Unidos.

Rau recorda que a virtualização, associada à consolidação de servidores, reduz em mais de 50% os custos com hardware, e em quase 80% os custos operacionais. A economia média é da ordem de 64%.

Com a evolução dos microprocessadores, de dual para quadri-processadores ou mais núcleos, crescem também as perspectivas da virtualização, tanto nas aplicações corporativas quanto individuais.

GARANTINDO A ENTREGA DA PIZZA

Avanços extraordinários estão ocorrendo no mundo do software. Um deles é o da "eficiência da entrega de aplicativos", uma tradução para *application delivery*. Para entender esse conceito, uma boa comparação talvez seja a da entrega de produtos físicos. Como garantir a entrega pontual e precisa de uma pizza, revista, carta ou encomenda no endereço do cliente? Todo fornecedor de produtos físicos gostaria de contar com um sistema simples, mas confiável, que envolva não apenas a supervisão da infra-estrutura, mas de toda a logística, ou ciclo de transporte desses produtos, com a possibilidade de acompanhar e corrigir problemas em qualquer ponto do processo. E, na verdade, os maiores *couriers*, como FedEx, DHL ou outros, já contam com algum sistema desse tipo.

No mundo da computação tudo se faz de forma virtual, com ferramentas de acompanhamento da entrega de aplicações armazenadas no próprio computador, na rede local ou num servidor remoto. Os softwares de entrega de aplicações podem ser empregados em pelo menos três ambientes: na internet, nas estruturas cliente-servidor e em desktops.

Essa foi, em síntese, a agenda do iForum Global 2007, evento realizado em Las Vegas, num encontro de mais de 3 mil especialistas mundiais de software de empresas como a Citrix, Microsoft, Dell, HP, Fujitsu, VMware, IBM, Neoware, Xensource, Wyse e dezenas de outras. Assim como a Microsoft lidera a área de sistemas operacionais e softwares para PCS no mundo, com a plataforma Windows, a Citrix Systems tem sido uma das principais empresas nessa área de *application delivery*. Por isso tem promovido o iForum Global anualmente, desde 1997, com seus parceiros.

O conceito de virtualização é um dos mais modernos nessa área de entrega de aplicativos. Imagine, leitor, que você possa acessar em seu laptop os aplicativos armazenados em seu escritório ou sua casa, esteja onde estiver, graças a um software desse tipo. O executivo pode deixar o escritório à noite e retomar seu trabalho, em sua casa ou em Tóquio, com todos os recursos virtuais de seu computador ou do servidor de sua empresa. Eis aí, de forma bem simplificada, um exemplo de virtualização.

Mas o programa de palestras do iForum envolveu muito mais do que virtualização, abrangendo o progresso de áreas da computação verde, da eficiência de aplicativos e da segurança da informação.

Computação verde é uma idéia afinada com os problemas do aquecimento global e com a defesa do meio ambiente. Assim, para reduzir o consumo de energia e as emissões de gás carbônico, os cientistas e usuários pensam hoje em computadores cada vez mais simples, poupadores de energia, que buscam aplicativos em servidores distantes ou na própria rede, graças aos recursos da virtualização. É a volta do sonho antigo de que "o computador é a própria rede" — tão debatido no final dos anos 1980 e começo dos 1990.

O iForum Global nasceu com a proposta de conferir uma nova direção à computação, dizem seus organizadores. O que aconteceu nesses dez anos foram centenas de inventos, avanços e inovações que trouxeram, acima de tudo, uma grande sinergia à computação no mundo. Em especial, à computação móvel ou àqueles usuários que precisam trabalhar em locais remotos.

Uma das primeiras áreas de sucesso dessas ferramentas de entrega foi a dos desktops que rodam sistemas operacionais Windows em todas as suas versões. Hoje, segundo a Citrix, a cada dia a rede de suporte à infra-estrutura de softwares de entrega de aplicativos dá apoio a mais de 200 mil empresas, nas quais trabalham 70 milhões de usuários corporativos que rodam aplicativos de virtualização em seus desktops. E mais: 75% de todos os usuários da internet rodam alguma forma de softwares desse tipo no Google, Yahoo, eBay, Amazon, MSN ou outros gigantes da internet.

A utilização desses softwares pelos usuários de produtos da Microsoft é um bom exemplo, pois, graças à virtualização, a plataforma Windows Vista e aplicativos como o Word 2007 ganharam recursos e confiabilidade que não teriam sem essa tecnologia.

A virtualização, na opinião dos especialistas, abre novas perspectivas às redes de dados e de comunicações e aos softwares aplicativos. Aumenta a produtividade e dá apoio à decisão, à internet, ao comércio eletrônico, à contabilidade financeira, ao desenvolvimento de capital humano, à administração de clientes e à colaboração.

Numa demonstração no Laboratório Tecnológico do iForum Global, em Las Vegas, os participantes puderam ver o desempenho de um desses softwares de entrega, o WanScaler Microsoft Windows Server 2003, que combina a aceleração de aplicativos com os serviços de rede e programas baseados no Windows.

5 | MICROELETRÔNICA E NANOTECNOLOGIA

A REVOLUÇÃO DO TRANSISTOR

A invenção do transistor é considerada a mais importante do século xx. Esse dispositivo minúsculo marca o nascimento da microeletrônica e deflagra o processo de miniaturização dos componentes nos últimos sessenta anos. Poucos meses após seu lançamento, o transistor começa a substituir as válvulas a vácuo de três pólos. Com ele se produzem componentes e equipamentos eletrônicos cada vez menores, mais rápidos e mais baratos.

> **Quantos transistores são produzidos no mundo?**
>
> Em 2005, a produção mundial de transistores foi maior e mais barata do que todos os grãos de arroz produzidos no mundo, segundo a revista *BusinessWeek*.

No princípio era a válvula. Ou melhor: a válvula eletrônica de três pólos, inventada em 1906 pelo engenheiro americano Lee DeForest. Com ela nasce a eletrônica moderna, que irá proporcionar à humanidade os benefícios da telefonia sem fio, do rádio, da televisão, da gravação elétrica de discos, das comunicações internacionais e da radioastronomia.

De 1906 aos anos 1950, quase todo o desenvolvimento da eletrônica está baseado na válvula a vácuo. É com ela que o telefone ganha longas distâncias. É com ela que Marconi torna realidade o rádio, logo após a

Primeira Guerra Mundial. E a radiodifusão será logo transformada em instrumento de ação política, como na ascensão do nazismo nos anos 1930, na Alemanha de Hitler. A voz delirante de Goebbels é levada a milhões de lares alemães, todas as noites, pregando a superioridade da raça ariana, a necessidade da revanche e a certeza da vitória do III Reich.

Quarenta e dois anos depois da válvula vem o transistor. E seu impacto será ainda maior. Na primeira entrevista que me concedeu em Genebra, em outubro de 1979, Arthur C. Clarke dizia ter sido incapaz de prever o transistor. "Falhei nesse ponto no artigo em que previ os satélites de telecomunicações, na revista inglesa *Wireless World*, em outubro de 1945. Nem sequer pressenti a chegada do transistor. E, por isso, jamais poderia antever essa revolução fantástica que viria ocorrer na eletrônica."

O transistor não seria um detalhe secundário para o sistema mundial de comunicações sugerido por Clarke. Os satélites por ele propostos em 1945 eram imensas estações repetidoras espaciais, já que seus componentes básicos eram as válvulas a vácuo. Por seu peso de muitas toneladas, jamais poderiam ser postas em órbita pelos foguetes construídos até os anos 1970. Só o transistor tornaria viável a construção e lançamento de satélites de telecomunicações antes dos prazos previstos por Clarke, como de resto toda a conquista do espaço.

É por todas essas razões que a maioria dos cientistas considera a invenção do transistor a mais importante do século xx. Esse minúsculo dispositivo revolucionou a eletrônica e as comunicações. Sua invenção foi anunciada no dia 30 de junho de 1948, pelos Laboratórios Bell, de Murray Hill, Nova Jersey. Quem visita hoje a sede desses laboratórios pode ver como era o primeiro transistor numa vitrine no saguão do prédio principal. Para muitas pessoas não passa de uma aranha sem nenhum charme. Para outros, no entanto, é algo tão significativo quanto o 14 Bis de Santos-Dumont ou o primeiro telefone de Graham Bell.

Nessa mesma vitrine, o visitante pode ver um exemplar da nota à imprensa distribuída pelos Laboratórios Bell sobre a invenção do transistor, e que foi publicada no dia 1º de julho de 1948 pelos grandes jornais dos Estados Unidos e do mundo sem grande destaque. O *New York Times,* por exemplo, registrou o invento numa pequena nota, perdida no meio do jornal, em apenas quatro parágrafos.

No texto da notícia distribuída à imprensa para anunciar a nova invenção, os Laboratórios Bell diziam que o novo componente eletrônico chamava-se transistor e que deveria "ter numerosas aplicações em rádio, onde normalmente se utilizam válvulas a vácuo".

É curioso relembrar hoje que os Laboratórios Bell, prudentemente, não previam nenhuma revolução na eletrônica além da substituição das válvulas a vácuo nos rádios. Em contrapartida, David Sarnoff, presidente da todo-poderosa RCA, fazia comentários arrogantes dias depois do anúncio da invenção, duvidando da importância da invenção do transistor e até de sua aplicação na substituição das velhas válvulas a vácuo nos receptores de rádio. A RCA era, então, o maior fabricante mundial de válvulas a vácuo e outros componentes eletrônicos. Duas décadas depois, o cenário mundial já estaria profundamente modificado, mostrando o equívoco de Sarnoff.

Realmente, num primeiro momento, poucos compreenderam a importância do transistor além dos três cientistas que criaram esse dispositivo — William Shockley, Walter Brattain e John Bardeen. Na realidade, o protótipo estava pronto desde o dia 23 de dezembro de 1947, e funcionava perfeitamente, amplificando em quarenta vezes a intensidade do sinal elétrico. Mas o dispositivo ainda não era de silício e, sim, de germânio.

A direção dos Laboratórios Bell, contudo, não se convenceu logo da importância nem do alcance do invento, e só decidiu divulgá-lo seis meses mais tarde, depois de exaustivas demonstrações de seu funcionamento. Até mesmo o reconhecimento do mérito do invento pelo mundo científico demoraria quase nove anos. Finalmente, porém, vem a consagração: Shockley, Brattain e Bardeen ganham o Prêmio Nobel de Física de 1956.

Nos anos 1950, a evolução tecnológica cria diversos tipos de transistores, sempre menores, montados sobre pastilhas de silício. E o mundo passa a ser inundado por rádios portáteis transistorizados — em especial os fabricados no Japão.

Reduzindo o tamanho e o peso dos equipamentos de rádio e de telecomunicações a ponto de transformá-los em verdadeiras miniaturas de seus antecessores, o transistor abre caminho para a comunicação internacional, para a realização prática dos primeiros computadores científicos e comerciais, para a conquista do espaço, para os satélites de telecomunicações e para a automação industrial e comercial.

Uma analogia pitoresca usada para ilustrar a evolução do transistor compara-o ao automóvel, em tamanho, custos, consumo de energia, confiabilidade e eficiência. Assim, se nos últimos quarenta anos o automóvel tivesse evoluído tanto quanto o transistor, um Rolls-Royce de hoje teria um motor menor que uma caixa de fósforos, potência de 50 mil cavalos, seria capaz de viajar à média de 500 km/hora, gastando apenas um litro de gasolina para percorrer 100 mil quilômetros. E seu preço seria de apenas 3 dólares. Absurdo? Não. Esse seria o automóvel de 2008 se a indústria automobilística tivesse evoluído tanto quanto a microeletrônica.

A válvula eletrônica tinha e tem diversos inconvenientes. Para funcionar, ela consome elevada quantidade de energia elétrica. Mais do que corrente elétrica, ela irradia calor inutilmente. Seu custo de fabricação nos anos 1950 dificilmente poderia baixar mais do que escassos pontos percentuais.

Com o transistor, contudo, desencadeia-se uma verdadeira revolução nos processos industriais. Antes dos ecologistas, as empresas descobrem o significado da frase conservacionista: *Small is beautiful*. E tudo se miniaturiza. Os preços caem de forma acentuada e contínua. O consumo de energia se reduz. A vida útil aumenta. A confiabilidade e eficiência dos produtos crescem.

O transistor tem muitas funções: amplifica o sinal elétrico, comuta circuitos, estabelece conexões, redireciona a corrente e muitas outras. Na microeletrônica é o ponto de partida para uma série de avanços. Trabalhando separadamente, Jack Kilby e Robert Noyce inventam em 1959 o circuito integrado — a reunião de componentes já conhecidos da indústria eletrônica, entre os quais as resistências (resistores), chaves de ligação (ou diodos) e dispositivos para a captação de eletricidade estática (capacitores) com centenas ou milhares de transistores.

Os circuitos integrados evoluem rapidamente em número de componentes e em grau de integração. No sentido em que é usada aqui, a palavra *integração* significa a reunião de número cada vez maior de componentes num único circuito ou pastilha de silício. Integrar componentes em níveis cada vez mais elevados é o segredo que permite a redução de tamanho, a compactação e a miniaturização crescente dos produtos.

O processo de miniaturização dos componentes eletrônicos teve papel estratégico para os Estados Unidos na corrida espacial. Desde o primeiro momento, essa miniaturização contínua e acelerada dos componentes eletrônicos permitiu a redução drástica do peso dos equipamentos, a começar dos primeiros satélites artificiais. Os foguetes norte-americanos não dispunham de potência equivalente à dos russos. Essa era a razão principal das dificuldades enfrentadas pelos Estados Unidos.

Com o transistor e os primeiros circuitos integrados, a grande saída da indústria americana foi produzir satélites menores, mais leves e mais eficientes. Vale lembrar que, enquanto o Sputnik I (primeiro satélite artificial da Terra, lançado pelos soviéticos no dia 4 de outubro de 1957) pesava 83 quilogramas, o primeiro satélite norte-americano, o Explorer I (posto em órbita no dia 31 de janeiro de 1958) pesava apenas 13 kg. Em resumo: a microeletrônica salvou os Estados Unidos na corrida espacial.

Em 1970, Ted Hoof e Robert Noyce, da Intel, inventam o micro-processador, ou seja, a unidade de processamento central ou CPU dos computadores. O primeiro a ser comercializado em 1971 é o Intel 4004. Os mais recentes são Pentium ou o Intel Core 2 Duo.

Atualmente, os microprocessadores ou chips reúnem centenas de milhões de transistores. Os mais sofisticados e poderosos de hoje já quebram a barreira de um bilhão de transistores. Na realidade, a miniaturização dos componentes eletrônicos parece não ter fim. Mas é claro que há limites, quando se alcançam as dimensões moleculares ou atômicas.

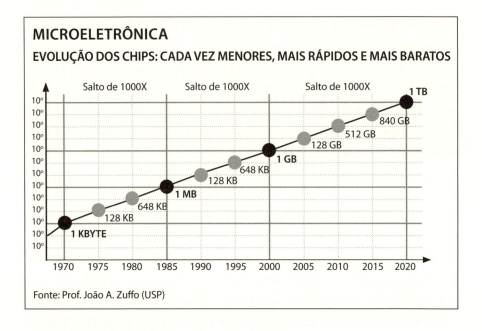

Fonte: Prof. João A. Zuffo (USP)

LEI DE MOORE, UM CHUTE GENIAL

Em 1965, os circuitos integrados abrigavam apenas algumas dezenas de transistores. Naquele ano, Gordon Moore, um dos fundadores da Intel, previu, por simples observação da evolução dos componentes, que os circuitos integrados dobrariam o número de transistores a cada ano. Depois, em 1971, retificou sua previsão para 18 ou 24 meses. Entre 1965 e 1975, a densidade dos circuitos integrados saltou de sessenta para 60 mil componentes. No período 1971-2001, a previsão de Gordon Moore se mostrou ainda mais precisa: os circuitos integrados haviam dobrado seu número de componentes a cada 1,94 ano. Ou seja: praticamente a cada dois anos. A previsão de Moore, totalmente intuitiva, revelou-se extremamente precisa. Em linguagem popular, ele acertou na mosca. Daí porque sua previsão ganhou o nome de Lei de Moore.

Mesmo com o desenvolvimento recente de novas tecnologias para a produção de chips com centenas de milhões de transistores, as coisas se tornam mais difíceis para dobrar o número de transistores a cada 24 meses.

MICROELETRÔNICA E NANOTECNOLOGIA

Assim, a validade da Lei de Moore começa a ser revista, a começar por seu próprio autor. "Não será fácil manter nos próximos anos essa taxa de crescimento", admite Moore. "Essa tendência pode ampliar de dois para três ou mesmo quatro anos."

Nas raras oportunidades em que concede entrevistas ou fala em público, Moore é bombardeado por perguntas de jornalistas, bem como de cientistas e consultores, todos curiosos por conhecer sua opinião sobre o futuro da microeletrônica. "Daqui para frente, tudo fica mais difícil para se alcançar o patamar de bilhões de transistores no ritmo atual de 24 meses por geração. Talvez demore mais do que esses dois anos tradicionais para dobrar a densidade dos circuitos integrados. Esse prazo talvez se amplie para quatro ou cinco anos. Estamos começando a miniaturizar os chips menos rapidamente do que no passado."

Quais são as barreiras a serem vencidas? Muitas, mas a principal é a das dimensões extremamente pequenas do canal onde ocorre a comutação de sinal dos transistores. Esse canal tem apenas alguns nanômetros (bilionésimo do metro ou milionésimo do milímetro). "Para o futuro, se pudermos contar em tempo com a litografia ultravioleta avançada, poderemos ainda manter o ciclo de dois anos por algum tempo."

Gordon Moore acredita que a tecnologia CMOS permitirá a produção de chips com estruturas de até trinta nanômetros. "No entanto — diz ele — é incrível notar que pessoas criativas são capazes de vencer muitas das barreiras que encontram neste setor da microeletrônica. Eu nunca fui capaz de prever mais do que três gerações. Mas nós podemos reduzir até trinta nanômetros."

E qual poderá ser a próxima revolução? Talvez a do reconhecimento eficiente da fala humana, que nos permitirá conversar com o computador como se ele fosse uma pessoa. "Sim, você poderá manter uma conversação inteligente com seu computador. Não sei, entretanto, se isso vai demorar dez ou cinqüenta anos. Acho mais provável que sejam cinqüenta anos."

Em 1975, os circuitos integrados já continham até 65 mil transistores. Em 1985, a IBM apresentou seu primeiro chip com mais de um milhão de transistores, na feira National Computer Conference, em Chicago. O

Pentium 4 tinha mais de 55 milhões de transistores. No final de 2002, os microprocessadores mais densos quebrarão a barreira dos 100 milhões de transistores. Até 2009 surgirão os primeiros chips com mais de um bilhão de transistores.

Memristor: misturando memória com resistor

Até o dia 9 de maio de 2008 só eram conhecidos três elementos fundamentais para produção de circuitos integrados: os capacitores, os resistores e os indutores. Os cientistas, no entanto, previam a existência de um quarto elemento, uma espécie de resistor de memória a que se deu o nome de *memristor,* forma reduzida de *memory resistor.* O primeiro cientista a prever a existência do memristor foi Leon Chua, da Universidade de Berkeley, da Califórnia, há 37 anos.

Pois bem: a previsão de Leon Chua foi comprovada cientificamente pela equipe liderada pelo pesquisador Stanley Williams, dos laboratórios da Hewlett-Packard. E tudo parece indicar que o mundo está diante de um novo salto tecnológico.

Para que serve o memristor? Com esse novo elemento dos circuitos os cientistas esperam, de um lado, dar muito maior velocidade de partida às máquinas eletrônicas, e, de outro, libertar as memórias da necessidade de serem permanentemente alimentadas por energia para sua conservação.

Com os recursos desse novo elemento os computadores no futuro poderão ser ligados e desligados como uma lâmpada elétrica, num clique, de partida instantânea. Não teremos então que esperar aqueles dois ou três intermináveis minutos durante os quais aguardamos a conclusão do processo de inicialização dos computadores.

Mais ainda: com circuitos dotados de memristores poderão ser desenvolvidos sistemas de computação muito mais eficientes quanto ao consumo de energia, pois essas novas memórias serão capazes de reter a informação mesmo quando o equipamento estiver desligado. Na verdade, os cientistas ainda não sabem exatamente quantas outras aplicações poderão ter os memristores.

Para facilitar o entendimento, costuma-se recorrer a uma analogia, comparando o resistor a um cano d'água. Quanto mais estreito, maior será a resistência que oferecerá à passagem da corrente elétrica. Quanto mais largo, menor será a resistência. No caso do memristor, a comparação seria apenas parcial, pois ele só oferece resistência quando a corrente flui num sentido, mas não no outro.

O memristor tem ainda outra diferença: ele transporta "lembranças" de seu passado. Mesmo quando desligamos a corrente elétrica do circuito, o memristor continua "lembrando" as características da corrente, sua intensidade, e por quanto tempo circulou. Esse é um efeito que não pode ser produzido por nenhuma outra combinação de resistores, capacitores ou indutores. Por essas qualidades exclusivas, o memristor é considerado um elemento fundamental dos circuitos.

Outros cientistas observam, contudo, que esse mecanismo de retenção de memória já tem sido produzido usando-se transistores e capacitores. Stanley Williams replica: "Isso, no entanto, exige uma montanha de transistores e capacitores para executar a tarefa de um único memristor."

Para o professor João Antonio Zuffo, do Laboratório de Sistemas Integráveis da Universidade de São Paulo, "é provável que o memristor venha a ter numerosas aplicações interessantes, mas não se trata de um avanço revolucionário, ou um *breakthrough,* como tem sido anunciado". "Além disso — observa o professor Zuffo — as memórias do tipo flash já fazem muita coisa que se espera do memristor."

PARA ENTENDER A NANOTECNOLOGIA

A nanotecnologia é a ciência das coisas muito pequenas. Ela pode ser o grande salto do futuro, mudando propriedades de materiais. Abrindo novas perspectivas para o processo de miniaturização de peças e máquinas, ela será capaz de produzir artefatos até do tamanho de uma molécula, ou fabricar robôs invisíveis, com apenas alguns milionésimos de milímetro de altura.

> ## Quando teremos micromáquinas?
>
> O Dr. Michio Kaku, famoso cientista e físico nipo-americano, professor do City College de Nova York, prevê que por volta de 2015 a nanotecnologia será capaz de produzir máquinas em escala molecular. Essas máquinas terão o poder de reproduzir-se e multiplicar-se como vírus ou bactérias, como se fossem vivos. Serão capazes de limpar o meio ambiente e de devorar os resíduos tóxicos de rios, lagos e mares. Poderão eliminar a fome no mundo por meio da produção abundante de alimentos. O iPhone e o iPod Touch, da Apple, são dois exemplos de avanços da nanotecnologia em telecomunicações.

Convide uma dúzia de cientistas, engenheiros, investidores e pessoas comuns para dizer-lhes o que é nanotecnologia e você terá, com certeza, uma dúzia de respostas tão ampla e diversificada quanto a própria nanotecnologia. Para alguns cientistas não se trata de nada novo pois muitos deles estão trabalhando com a nanoescala há décadas, em especial com o microscópio eletrônico ou simplesmente pesquisando e analisando de películas finíssimas. Para muitos outros, entretanto, a nanotecnologia significará miniaturas de submarinos na corrente sangüínea, máquinas e engrenagens feitas só de átomos, elevadores espaciais feitos de nanotubos de carbono e a colonização do espaço. Muitos ainda considerarão a nanotecnologia como algo próximo da ficção científica. Tudo no mundo da nanotecnologia é invisível a olho nu, pois as dimensões desse universo vão de 1 a 100 nanômetros.

Lembre-se, leitor, que 1 nanômetro (nm) equivale a um milionésimo do milímetro, ou 1 bilionésimo do metro. O termo nanotecnologia foi utilizado e definido pela primeira vez pelo professor Norio Taniguchi, da Tokyo Science University, num artigo publicado em 1974, cujo título era "Sobre o conceito básico de nanotecnologia".

A nanotecnologia pode ser o grande salto do futuro. Quem sugeriu a idéia de construir minúsculas estruturas, propondo o desenvolvimento da nanotecnologia, foi o físico Prêmio Nobel Richard Feynman, em 1949.

MICROELETRÔNICA E NANOTECNOLOGIA

Embora ridicularizado por seus colegas na época, o cientista conseguiu demonstrar nos anos seguintes que tinha razão.

A ciência aprende todos os dias com a natureza, diz o cientista brasileiro Henrique Toma, do Instituto de Química da Universidade de São Paulo, autor do livro *Um mundo nanométrico*. A cor azulada iridescente da borboleta *Morpho rethenor helena* não provém de nenhum pigmento, mas de uma estrutura de partículas da superfície da asa. Percebemos a cor azul em decorrência de um tipo de reflexão e refração que se dá nas diversas camadas nanométricas das partículas. A flor de lótus não apodrece porque a água não molha a superfície dessa flor. A borboleta voa tranqüila e alegre na chuva, sem que as gotas d'água molhem suas asas. O cientista aproveita essa lição da natureza e projeta gravatas que não mancham e tecidos que não sujam.

Para compreender melhor a nanotecnologia, devemos recorrer à sua etimologia. *Nano*, em grego, significa "anão". Daí as palavras derivadas, tais como nanismo, nanico, nanômetro (um bilionésimo do metro), nanossegundo (um bilionésimo do segundo), nanolitro (um bilionésimo do litro) ou nanotecnologia. Vale lembrar que um nanômetro tem o comprimento de alguns poucos átomos colocados lado a lado.

Os vírus, que são os menores seres vivos, têm de 100 a 200 nanômetros (nm). A dupla hélice do ácido dexorribonuclêico (DNA) mede 2 nm. Da mesma forma que a microeletrônica revolucionou as comunicações, o computador e a eletrônica em geral, a nanotecnologia deverá revolucionar muitas outras áreas da indústria, como a nanoquímica, os nanoplásticos, os nanotêxteis, a nanoeletrônica e até os nanocosméticos. Uma faca de cozinha com fio de corte nanométrico será superafiada. Pode até ser perigosa, pois basta que ela encoste levemente na pele e já estará cortando.

Pensando em nanoescala

Para o professor Joseph Bordogna, vice-presidente da National Science Foundation, dos Estados Unidos, os currículos universitários para a formação do engenheiro deste início de século XXI precisam ser readequados às novas necessidades do mundo, de modo a proporcionar ao aluno, entre outros aspectos fundamentais, a familiaridade plena com o conceito de nanoescala. Bordogna lembra que a tecnologia caminha para estruturas cada vez menores, buscando a confluência dos menores dispositivos construídos pelo homem com as maiores moléculas dos seres vivos. Assim, prevê, poderão ser conectadas máquinas com células vivas.

> ## A nanotecnologia pode ajudar na cura de doenças?
>
> Sim. Os nanorrobôs poderão ser utilizados para destruir micróbios infecciosos, matar células de tumor uma a uma, patrulhar a corrente sangüínea e remover placas de colesterol de nossas artérias, reparando células e revertendo o processo de envelhecimento.

Para o escritor e futurólogo James Canton, robôs-cirurgiões serão os preferidos da maioria das pessoas por volta de 2020: "Os médicos humanos não usarão mais bisturis. Em lugar do velho instrumento cortante, injetarão minúsculos robôs inteligentes no corpo do paciente. Esses robôs navegarão através da corrente sangüínea, realizando curas genéticas ou químicas, devorando vírus e células cancerígenas. Em 2007, os braços cirúrgicos robóticos já asseguravam um índice de precisão bem superior ao desempenho dos cirurgiões humanos".

James Canton não tem dúvida de que a nanotecnologia tornará realidade tudo isso. E prova-o num livro fascinante, já traduzido para o português, *Technofutures: como a tecnologia de ponta transformará a vida no século XXI* (Editora Best Seller). Embora cobrindo o vasto campo das tecnologias da informação, multimídia, internet e biotecnologia, o livro de Canton dedica um bom espaço à nanotecnologia, cujos avanços permitirão a produção dessas máquinas e robôs microscópicos.

A viabilidade prática das máquinas microscópicas tem sido demonstrada a cada dia. A Toyota fabricou, em 2002, um automóvel completo, menor do que a cabeça de um palito de fósforo, numa nanoescala. E mais: o minúsculo automóvel funcionou perfeitamente com energia elétrica.

Um dos materiais revolucionários que poderá ser utilizado na construção, em especial nos contactos elétricos dessas máquinas maravilhosas, são os nanotubos de carbono, com 1,2 nanômetro de diâmetro, formados de carbono absolutamente puro — como o diamante também o é — com uma resistência 100 vezes superior à do aço e apenas 1/60 de seu peso. O primeiro nanotubo de carbono foi criado nos laboratórios de pesquisa da NEC Corporation, em Kawasaki, no Japão, em 1999. Esses tubos microscópicos poderão ser usados na produção de novos materiais, mais fortes e mais leves do que os utilizados na fabricação de componentes eletrônicos, permitindo assim a construção dos supercomputadores do futuro.

Para Horst Stormer, cientista dos Bell Labs da Lucent e Prêmio Nobel de Física de 1998, "a nanotecnologia nos dá as ferramentas para que possamos brincar com essas caixinhas da natureza, feitas de átomos e moléculas". Em sua opinião, "como o mundo é feito só disso, as possibilidades de criar novas coisas parecem ilimitadas".

Convivendo com os nanorrobôs

Outro dia, voltando de uma consulta a meu cardiologista, imaginei como poderão ser alguns tratamentos médicos mais avançados que me esperam por volta de 2020 se estiver vivo até lá, é claro. Pensei que, ao retornar de minhas visitas ao Instituto do Coração, talvez traga no sangue bilhões de robôs microscópicos, do tamanho de uma molécula de proteína, capazes de matar os vírus um a um, eliminar células de tumores, combater infecções, remover o colesterol, desobstruir minhas artérias e, fantástico — prometem os cientistas — capazes de reverter o envelhecimento.

Pura fantasia? Não. Esse é o incrível mundo novo da nanotecnologia que desponta no horizonte. Embora suas promessas pareçam coisas de ficção, a maioria dos cientistas acredita na possibilidade real de construir tais robôs ou micromáquinas de dimensões moleculares. Um de seus maiores divulgadores é o professor Michio Kaku, do City College de

Nova York, que tive a oportunidade de ouvir em palestras e entrevistas a partir de 2001. Com base em suas informações e de outros pesquisadores, passei a levar a sério esse novo campo do desenvolvimento científico e tecnológico.

Michio Kaku afirma que esses minúsculos robôs serão de fato capazes de destruir micróbios infecciosos, matar células tumorais, patrulhar a corrente sanguínea, remover placas de colesterol de nossas artérias, retirar substâncias nocivas e tóxicas do ambiente, eliminar a fome do mundo pelo cultivo de alimentos baratos, construir outras máquinas minúsculas, ou mesmo fazer reparos e consertos em nossas células e órgãos, retardando o processo de envelhecimento.

A nanotecnologia associa duas áreas fundamentais: a da nanoeletrônica e a da nanomecânica. Embora ainda esteja na infância e só venha a alcançar a maturidade por volta de 2020 ou 2025 — seus benefícios potenciais à vida humana deverão ser imensos. Na visão do professor Michio Kaku, antes de 2030 essas máquinas minúsculas poderão manipular átomos individualmente, como os brinquedos de montagem de blocos Lego, para produzir centenas de bilhões e bilhões de robôs moleculares. Por outras palavras, os nanorrobôs se multiplicarão como vírus ou bactérias.

Devidamente programados, eles poderão agir em conjunto, executando tarefas de engenharia jamais sonhadas. "Além de numerosas aplicações em medicina — diz o professor Kaku — essas máquinas moleculares poderão limpar o meio ambiente da forma mais efetiva possível, ou seja, devorando resíduos tóxicos. Melhor ainda: poderão contribuir para a eliminação da fome no mundo graças à produção de alimentos cada vez mais baratos e abundantes. Poderão nos ajudar a construir outras máquinas de complexidade impensável para a tecnologia do século xx."

No mundo nano a superfície das partículas tem importância decisiva, porque muitas vezes ela confere propriedades distintas do mundo macro, uma vez que os átomos parecem entender-se melhor entre si e passam a interagir de forma cooperativa. O nanoalumínio não é mais um material inerte como o metal alumínio e passa a ser um perigoso explosivo. A

MICROELETRÔNICA E NANOTECNOLOGIA

nanoplatina — a platina e o ouro são inertes — passa a ser um poderoso catalisador, acelerando a velocidade das reações químicas.

No projeto espacial norte-americano, já no início dos anos 1960, os astronautas eram conectados a milhares de sensores que transmitiam à base de Houston informações sobre os sinais vitais desses homens. Alguns astronautas eram interligados por fios com eletrodos. Outros chegavam a engolir sensores capazes de monitorar suas funções vitais.

Com o tempo, a nanotecnologia acabou inspirando profundas transformações nos biossensores, tornando a vida e as viagens espaciais mais simples, mais seguras e mais eficientes. Os cientistas estão certos de que poderão construir máquinas moleculares com engrenagens e outras partes móveis feitas de átomos. E mais intrigante ainda é a possibilidade de essas máquinas e robôs se multiplicarem e se reproduzirem de maneira perfeita e ilimitada, segundo acreditam os cientistas.

Um dos exemplos do interesse norte-americano no desenvolvimento da nanoeletrônica foi o acordo firmado em 2002 entre a National Science Foundation (NSF) e um consórcio de seis indústrias de microeletrônica, denominado Nanoelectronics Research Initiative (NRI), para financiar um programa de longo prazo de pesquisa nas universidades norte-americanas. A NSF é uma fundação que tem papel semelhante ao do nosso Conselho Nacional de Desenvolvimento Científico e Tecnológico (CNPq). As seis empresas integrantes do consórcio NRI são: AMD, Freescale Semiconductor, IBM, Intel, Micron Technology e Texas Instruments. Essas empresas se dispõem a financiar a pesquisa nas universidades para a criação de nanotransistores e outros componentes eletrônicos de escala atômica ou molecular.

Na justificativa da NSF, uma das razões ressaltadas para o apoio a esse projeto é a expectativa de que a nanoeletrônica será decisiva "para que os Estados Unidos se mantenham na liderança mundial da indústria de semicondutores", ou seja, de componentes microeletrônicos. Entre os objetivos do programa estão o desenvolvimento e a produção de nanotransistores, de nanochips e nanomemórias.

Para o representante da Intel, Paolo Gargini, em menos de uma década os Estados Unidos deverão produzir nanotransistores de apenas 10 nanômetros.

Magneto-resistência gigante

Os ganhadores do Prêmio Nobel de Física de 2007 — o francês Albert Fert e o alemão Peter Gruenberg — utilizaram em seus trabalhos premiados o princípio da magneto-resistência gigante para aumentar a capacidade de armazenamento dos menores discos rígidos. Esse Nobel foi, na realidade, o primeiro grande reconhecimento internacional da importância e do impacto da nanotecnologia para o futuro da humanidade.

> **Reconhecimento**
>
> Em 2007, pela primeira vez o Prêmio Nobel de Física foi atribuído a um avanço de nanotecnologia.

O melhor exemplo do sucesso desse avanço — baseado no princípio da magneto-resistência gigante — são os iPods nanos e centenas de outros modelos de dispositivos pessoais, tocadores de música MP3, que armazenam muitos milhares de fotos, músicas e filmes. Há até algumas versões com 160 gigabytes.

Muito além dos minidiscos rígidos dos iPods nanos, entretanto, a nanotecnologia já fornece soluções avançadas para a proteção de superfícies de metais, aumento da precisão de componentes, produção de tintas e pigmentos, e de tecidos e circuitos integrados.

Por maior que seja a lista dessas aplicações, ela é apenas a ponta do iceberg gigantesco que está por emergir em poucos anos. Não tenha dúvida, leitor, de que a nanotecnologia será responsável por processos revolucionários e de impacto na engenharia de tecidos orgânicos, no mundo das imagens médicas, na indústria têxtil, na fotônica, na eletrônica, na indústria automotiva, na cosmética, na purificação de águas, nos isolamentos térmicos, na conversão de energia, nas interfaces elétrico-neurais e em novas formas de aplicação ou administração de medicamentos (por meio de sistemas de implantes na pele ou via oral, tópicas, drogas injetáveis e por remoção de toxinas).

Até o começo dos anos 1990, a nanotecnologia ainda era considerada ficção pela maioria dos cientistas. Mesmo na visão de especialistas e pesquisadores, construir peças, componentes, máquinas ou robôs de dimensões moleculares não passava de um sonho.

Dois fatores contribuíram para transformar aquelas idéias em realidade. De um lado, a criação de materiais com características especiais, como os nanotubos de carbono, uma nova estrutura de átomos de carbono com características extraordinárias. De outro lado, o progresso das técnicas de miniaturização da microeletrônica e da micromecânica, que permitiram a construção das primeiras peças e máquinas com dimensões situadas entre 0,1 e 100 nanômetros.

A evolução da nanotecnologia está criando um volume impressionante de novas palavras, tais como: nanochip, nanocomputador, nanorrobôs, nanodesastre, nanoeletrônica, nanocristais, nanofiltros, nanomáquinas, nanomanipulação, nanomateriais, nanotubos e até memso nanoterrorismo. Como era de se esperar, existem no mundo organizações civis que se opõem às pesquisas em nanotecnologia por temer que seus subprodutos possam se transformar em armas letais ou possam contaminar alimentos, águas e o próprio ambiente.

6 ESPAÇO

HUBBLE VÊ OS CONFINS DO UNIVERSO

Nos anos 1960, a corrida espacial era parte da Guerra Fria e se resumia em levar homens à Lua e enviar sondas ao Sistema Solar. Como subprodutos dessa longa disputa entre os Estados Unidos e a antiga União Soviética, o mundo ganhou satélites de telecomunicações, sistemas de navegação GPS e um conhecimento muito amplo da meteorologia. Dos anos 1990 para cá, com telescópios e estações espaciais, o grande objetivo dos novos projetos é o conhecimento da Terra, do Sistema Solar e do universo.

Um dos projetos mais fascinantes da Nasa é o do telescópio espacial Hubble. Batizado com o nome de um grande astrônomo norte-americano — Edwin Hubble, que em 1924 descobriu outras galáxias além da Via Láctea — ele tem revolucionado a astronomia desde 1990.

No dia de seu lançamento, a Nasa afirmou que o telescópio espacial ampliaria nossos conhecimentos de cosmologia, não apenas sobre o Sistema Solar, mas poderia ajudar a ciência a determinar a idade, o tamanho, as origens e a evolução do universo. Mais ainda: o Hubble nos permitiria mapear sua evolução e desvendar os mistérios das galáxias, estrelas, planetas e da própria vida.

Céticos, os jornalistas acharam que eram objetivos muito ambiciosos para um único telescópio. O erro deles foi supor que o Hubble fosse apenas um telescópio, e não um observatório astronômico ultra-sofisticado. Ao longo de sua primeira década, ele tornou-se a vanguarda, ou melhor, a grande porta de acesso da ciência ao universo, seja registrando o nascimento e a morte de estrelas, seja proporcionando uma visão profunda de um conjunto de pelo menos 1.500 galáxias em vários estágios de evolução.

> **De quanto em quanto tempo o Hubble contorna a Terra?**
>
> O telescópio Hubble completa uma volta em torno da Terra a cada 97 minutos, a 600 quilômetros de altitude e a uma velocidade de 29 mil km/hora.

O que diria Galileu diante do Hubble? Apenas no primeiro ano de suas atividades, ele forneceu mais informação sobre o Sistema Solar do que tudo o que se sabia até o dia de seu lançamento. No começo de 2006, descobriu 16 planetas fora do Sistema Solar. A cada dia, ele envia mais de 8 gigabytes de preciosa informação sobre o universo e tem ajudado a desvendar alguns mistérios.

Segundo comprova o telescópio espacial, todas as galáxias têm um buraco negro no centro. Decorre daí uma questão semelhante ao parodoxo do ovo e da galinha, sintetizado na pergunta: "Quem veio primeiro: o buraco negro ou a galáxia?". Um buraco negro devora gigantescas quantidades de matéria. A força gravitacional que gera é tão grande que nada escapa à sua atração. Até a luz que passa nas suas vizinhanças é capturada e engolida. Até poucas décadas atrás, a existência dos buracos negros era mera conjectura. Hoje está confirmada cientificamente.

Modernização e manutenção

O Hubble funciona hoje melhor do que em seus primeiros tempos. Na verdade, ele passou por uma espécie rejuvenescimento em missões de manutenção e modernização, com a substituição de suas lentes, câmeras fotográficas e de outros equipamentos, tais como um computador de bordo ultra-avançado e sistemas de armazenamento eletrônico.

Foram realizadas quatro viagens de atualização e modernização do telescópio, em 1993, 1997, 1999 e 2002. Na última missão, feita com o ônibus espacial Columbia, foram instalados novos painéis solares,

ESPAÇO

unidades de controle de energia e uma câmera digital avançada. Os astronautas da Nasa, James Newman e Michael Massimino, trabalharam em pleno espaço para instalar a nova câmera destinada à exploração do universo. Conhecida pelo nome de *advanced camera for survey* (acs), ela é dez vezes mais poderosa que sua antecessora. Sua maior vantagem prática é focalizar com muito maior nitidez objetos distantes do universo.

Do tamanho de uma geladeira doméstica e pesando 383 quilos, a acs custou US$76 milhões. Essa câmera gigante utiliza três canais espectrais especializados de visão. O primeiro deles é o canal de campo de visão ampla, utilizado nas pesquisas sobre a natureza e a distribuição das galáxias. O segundo canal especializado destina-se à pesquisa de estrelas superquentes e de quasares, além de dar aos cientistas a capacidade de estudar as condições meteorológicas reinantes nos diversos planetas do Sistema Solar. O terceiro canal, de alta resolução, reduz a luminosidade excessiva dos objetos celestiais, possibilitando identificar eventuais planetas semelhantes à Terra em torno de estrelas distantes, ou das vizinhanças de galáxias inteiras ocultas pelo brilho dos quasares.

A nova câmera fotográfica digital já tirou mais de 100 mil fotos do espaço cósmico. Ela é tão poderosa que permite registrar imagens com uma acuidade um milhão de vezes superior à do olho humano. Essa câmera tem quatro segmentos recobertos de chips avançados, chamados de *charge-coupled devices*. Cada um desses segmentos tem 640 mil pixels, ou seja, elementos de imagens sensíveis à luz, que formam, no total, imagens com 2.560.000 pixels, representando estrelas, galáxias, nebulosas e outros corpos celestes.

Segundo estima o astrônomo Holland Ford, da Universidade John Hopkins, chefe da equipe que construiu os novos instrumentos, com a câmera acs o Hubble detectou mais estrelas e galáxias nos seus primeiros dezoito meses de funcionamento do que tudo que havia descoberto até aqui. Em sua opinião, quanto mais informações científicas acumular, melhor para os pesquisadores: "Estrelas e galáxias no arquivo de dados são para os astrônomos como dinheiro no banco".

> **O que mais o Hubble tem de interessante, além das câmeras fotográficas?**
>
> Entre os equipamentos científicos mais interessantes do Hubble estão os espectrógrafos, aparelhos que decompõem a luz captada pelo telescópio, permitindo-lhe determinar as propriedades dos objetos e materiais celestes, tais como composição química, temperatura e campos magnéticos. Um desses espectrógrafos, conhecido pela sigla STIS (de *space telescope imaging spectrograph*), pode identificar esses corpos e materiais celestes numa gama espectral que vai do ultravioleta passando pela luz visível, até as proximidades do infravermelho.

Após o desastre da nave espacial Columbia, em 2003, a Nasa interrompeu o envio de astronautas para novas missões de serviço no Hubble diante dos riscos de um novo acidente. Entretanto, com as diversas modificações introduzidas, que tornaram os vôos dos ônibus espaciais mais seguros, a agência americana voltou atrás. A quinta — e talvez a última — missão de atualização e manutenção do Hubble está prevista para o final de 2008, com a nave Atlantis. Os novos equipamentos que serão instalados incluem instrumentos científicos como o espectrógrafo, para pesquisa das origens do cosmos, e três câmeras de grande abertura de campo de visão.

Eis aí a boa notícia: a Nasa ainda aposta no futuro do Hubble e vai fazer todos os reparos e instalações necessárias para que o telescópio sobreviva até 2013, quando será substituído por seu sucessor. Até lá, o Hubble continuará enviando diariamente centenas de fotos de alta resolução, vasculhando os planetas mais próximos ou as galáxias mais distantes do espaço cósmico e captando imagens incríveis com suas novas lentes e sua supercâmera digital.

A nova geração

A Nasa já concluiu o projeto da nova geração de telescópios espaciais, segundo anunciou o diretor do Centro de Vôo Espacial Goddard, Al Diaz. O projeto deverá contar com a participação da Agência Espacial Européia e da Agência Espacial Canadense, além da Nasa. Inicialmente, o sucessor do Hubble foi chamado de Telescópio Espacial de Nova Geração, mas desde 2002 recebeu o nome de Telescópio Espacial James Webb (JWST, na sigla em inglês), em homenagem ao administrador da Nasa que chefiou a agência durante o Projeto Apollo, de 1961 a 1968.

O grande objetivo do sucessor será chegar aos limites do tempo-espaço ou, por outras palavras, estudar as origens do universo. Tudo nele será ultra-avançado. Seu espelho principal, de 6,5 metros de diâmetro, será quase o triplo do espelho do Hubble. Os demais espelhos — muito mais finos, auto-ajustáveis e de rápido direcionamento — utilizarão a mesma tecnologia dos satélites-espiões, abrindo-se como um imenso guarda-chuva em órbita.

Em 2013, o novo telescópio espacial deverá estar iniciando seu trabalho no espaço numa órbita muito mais alta, a cerca de 1,5 milhão de quilômetros da Terra, muito mais distante do que a Lua, e fora, portanto, do alcance das missões dos ônibus espaciais para reparos.

O JWST fará primordialmente observações na faixa de luz infravermelha dos objetos mais distantes e de visibilidade mais difícil. Mas todos os objetos, inclusive o próprio telescópio, emitem raios infravermelhos. Para evitar a interferência dessa radiação do telescópio é preciso que ele esteja a temperaturas muito baixas, próximas do zero absoluto. Com esse propósito, o JWST será protegido por uma imensa couraça capaz de bloquear tanto a luz do Sol, quanto da Terra e da Lua. Para obter o melhor resultado, o telescópio espacial deverá estar situado num ponto onde aqueles três grandes objetos celestes ficam situados na mesma direção. A resposta para essa questão é a órbita denominada Ponto de Lagrange 2.

Essa localização, aliada à baixa temperatura reinante do espaço, tornará o observatório espacial milhares de vezes mais sensível do que os telescópios instalados na superfície terrestre. O novo telescópio será capaz de captar as imagens de luz deslocada para o vermelho das galáxias que se formaram logo após o Big Bang. A propósito, a nave da Nasa chamada Cobe detectou radiações deixadas pelo nascimento do universo, ou seja, da grande explosão que lhe deu origem.

GPS, UM MERCADO BILIONÁRIO

O crescimento explosivo do uso do celular aumenta a cada dia a demanda por mais informações dos sistemas globais do tipo GPS (*global positioning satellite*), pois a mera posse de um telefone móvel leva o usuário a buscar mais informações sobre os locais por onde transita, sejam de interesse profissional ou puramente pessoal.

O mundo utiliza hoje intensamente esse tipo de informação, chamada tecnicamente de "geoinformação", para saber a localização de pessoas, animais, veículos, edifícios, acidentes geográficos ou localidades na superfície do globo terrestre.

Mas, o que é a geoinformação? Ao pé da letra, é a informação sobre a Terra. Num conceito mais completo, é a informação ligada às coordenadas geográficas, como latitude e longitude. Na verdade, os satélites de um sistema de posicionamento global podem incluir também mais uma coordenada: a altitude de um objeto em relação à superfície da Terra. Com esse tipo de informação podemos obter os limites de um imóvel rural, a localização de um caminhão monitorado por satélite, ou de uma pessoa com um celular dotado do serviço de sistema de posicionamento global via satélite.

Segundo Emerson Zanon Granemann, engenheiro cartógrafo e especialista em geoinformação, o mundo tem hoje dois sistemas globais de localização e navegação via satélite em operação, e um terceiro em construção. O GPS é o mais conhecido e quase sinônimo de localização via satélite. O segundo é o russo *Glonass* (abreviatura de *globalnaya navigatsionaya sputnikovaya sistema*). Um terceiro sistema será o *Galileo*, europeu, inteiramente civil, que deve entrar em operação entre 2009 e 2010.

Na verdade, uma constelação de satélites em órbita permite determinar com precisão de até milímetros a posição de uma pessoa com um receptor na Terra. Granemann lembra também que há ferramentas muito importantes no mundo da informação, como os chamados sistemas de informações geográficas, softwares que associam pontos, linhas, polígonos, imagens, ou outras características, em um mapa, comparando-os com bancos de dados alfanuméricos, isto é, formados basicamente por números e letras.

Essa associação de dados nos permite fazer cruzamentos que criam modelos reais e possibilitam a previsão de mudanças, auxiliando a tomada de decisão. Com esses softwares podemos fazer um estudo sobre a cidade de São Paulo, por exemplo, e descobrir onde residem as famílias com determinado patamar de renda, onde se localizam os bancos e, a partir dessas informações, programar estratégias de busca de novos clientes para instituições financeiras.

Outra tecnologia fundamental é o sensoriamento remoto, que envolve o mapeamento da Terra a partir de sensores instalados em satélites ou aeronaves. Esses sensores podem ser óticos, digitais, a laser ou radar, e as imagens que produzem são a base para a produção de mapas e informações de maior precisão. Existem atualmente dezenas de satélites dedicados ao sensoriamento remoto que asseguram resolução espacial de até 40 cms.

O mercado mundial de geoinformação é imenso. Envolve empresas que produzem e comercializam soluções completas, desde a captura da informação, processamento e cruzamento de informações, até a implantação de sistemas de gestão. As empresas de energia são clientes típicos desse mercado. As soluções de geoinformação ajudam-nas a administrar a rede elétrica, bem como a projetar sua ampliação. Há, no entanto, empresas que comercializam informação especializada em grandes formatos e alta precisão, de grande utilidade para consultoria, treinamento, sistemas de navegação e outras atividades.

O mercado mundial de sensoriamento remoto — incluindo componentes, receptores e sistemas de navegação — já supera os US$ 50 bilhões, com um crescimento explosivo previsto para os próximos quinze anos. Por volta de 2020, as projeções indicam um faturamento do mercado de navegação e posicionamento por satélite de US$ 250 bilhões, e uma estimativa de que mais de 3 bilhões de usuários compartilharão as informações geradas.

Entre os grandes clientes estão empresas de administração pública, telecomunicações, saneamento e proteção do meio ambiente, de cadastro rural e urbano, mineradoras, ensino e pesquisa, transportes e atividades de planejamento e governo eletrônico.

Galileo será um superGPS

Mais sofisticado, mais preciso, mais confiável e de uso civil. Assim será o Galileo, resposta européia ao sistema norte-americano GPS. Sua precisão será de alguns metros, algo totalmente novo nesse tipo de serviço.

Previsto para entrar em operação em 2013, o Galileo conta com investimentos superiores a 3 bilhões de euros (US$ 3,7 bilhões). Com trinta satélites — 27 dos quais sempre em operação e três de reserva (para backup) em órbita —, o Galileo será de longe o mais avançado dos três sistemas desse tipo. Sua primeira grande diferença em relação aos concorrentes será o controle civil. O sistema europeu poderá assim oferecer serviços sem as restrições dos sistemas sob controle militar, como é o caso dos sistemas GPS e Glonass.

Suas principais vantagens sobre os concorrentes são a maior precisão, uma melhor cobertura — alcançando as mais altas latitudes, como o norte da Escandinávia —, e a possibilidade de realizar serviços globais mais confiáveis, mesmo em épocas de guerra.

O Galileo fornecerá informações úteis a usuários dos mais variados setores, como localização de veículos e pessoas, roteiros, itinerários, controle de velocidade, ajuda a deficientes, busca de suspeitos, controle de fronteiras, obras públicas, busca e salvamento, indicação de direção no mar ou em montanhas.

Os satélites do sistema Galileo girarão em torno da Terra em órbita inclinada, a 56 graus em relação ao plano do equador, a 23.600 km de altura, cobrindo literalmente qualquer ponto da superfície da Terra, inclusive nas latitudes acima de 75 graus, próximas às regiões polares.

O sistema de navegação será testado em condições reais na fase denominada "validação em órbita", que irá acontecer durante o ano de 2008, com a entrega dos primeiros quatro satélites. Esse é o número mínimo exigido para se testar e verificar a precisão dos sinais de localização. Quando em operação, esse quarteto em órbita poderá comprovar a capacidade e a acuidade do conjunto de trinta satélites que deverá estar em plena operação em 2013, segundo a decisão dos 27 ministros de Transportes dos países da União Européia reunidos no dia 30 de novembro de 2007.

O sistema europeu deverá ser operado pela EADS Space Services, empresa especializada no fornecimento de serviços espaciais, que terá concessão por vinte anos, a partir de 2010. Para os dirigentes da EADS Space, detentora de 38% do capital da Galileo Industries (o consórcio europeu responsável pelo sistema), o projeto tem importância decisiva não apenas para a indústria espacial francesa, mas também para a Europa e para o mundo.

O grupo empresarial EADS é um gigante do setor aeroespacial, com mais de 110 mil empregados e faturamento anual superior a US$ 35 bilhões. O grupo está presente no Brasil há trinta anos, e participa do capital da Embraer e da Helibrás.

Os Estados Unidos se opuseram ao Galileo e por pouco não conseguiram impedir sua concretização, especialmente depois dos ataques às torres gêmeas do World Trade Center, e ao Pentágono, em 11 de setembro de 2001, sob o argumento de que o sistema europeu poderia servir a propósitos terroristas. Diante da oposição americana, a Europa teve dificuldades iniciais para a obtenção de financiamento para o projeto. Um porta-voz do projeto chegou a prever, em 17 de janeiro de 2002, que o Galileo estava "praticamente morto".

Mas o projeto Galileo enfrentou todas as oposições e ganhou força, talvez mesmo por causa da pressão americana. Os integrantes da Comissão Européia reagiram e acabaram obtendo em poucos meses a adesão da maioria dos países integrantes da União Européia e de outros não-europeus. Assim, a partir de 2003, aderiram ao projeto, entre outros países, Ucrânia, China, Israel, Índia, Marrocos, Arábia Saudita e Coréia do Sul. Nos bastidores internacionais, prevê-se para os próximos anos a entrada de países como Brasil, Argentina, Austrália, Canadá, Chile, Japão, Malásia, México, Noruega, Paquistão e Rússia.

EM BUSCA DE VIDA INTELIGENTE EXTRATERRESTRE

A busca de inteligência extraterrestre é um assunto ao mesmo tempo sério e leve. Tão sério que a Nasa e uma dúzia de universidades nele trabalham há mais de quarenta anos nos projetos chamados SETI (do inglês, *search for extra-terrestrial intelligence*). Governos e empresas privadas já investiram centenas de milhões de dólares em radiotelescópios, como o de Arecibo, em Porto Rico, o maior do mundo, e cuja antena parabólica tem 305 metros de diâmetro.

O primeiro experimento de busca de inteligência extraterrestre foi conduzido pela Universidade de Cornell, em 1960, na tentativa de identificar mensagens inteligentes embutidas nos sinais de rádio vindos do espaço cósmico. O primeiro e mais famoso sinal supostamente inteligente foi recebido por Jerry Ehman, um pesquisador voluntário do projeto da Universidade do Estado de Ohio, na noite de 15 de agosto de 1977. Ao analisar os dados registrados na impressora, o cientista notou a chegada de um forte sinal recebido pelo telescópio. Imediatamente, destacou-o com um círculo e escreveu à margem a interjeição: "Wow!". O sinal se repetiu apenas uma vez, mas passou a ser considerado o mais forte indício de uma fonte artificial, extraterrestre, e talvez inteligente, de sinais de rádio.

Outro fato curioso foi a mensagem transmitida do observatório de Arecibo para o universo, em 1974, na inauguração da ampliação de seu radiotelescópio. Era um código de 1.679 bits enviado em direção ao Aglomerado Globular m13, situado a 25 mil anos-luz de nós. A mensagem gráfica tentava dizer quem somos, com desenhos esquemáticos do Sistema Solar, da Terra, de uma figura humana, de fórmulas químicas e do próprio radiotelescópio.

Como estamos, em síntese? Temos que reconhecer que a ciência ainda não conseguiu provas incontestáveis da existência de ets. Isso, no entanto, não desanima os cientistas. Eles crêem que num futuro próximo ou distante a humanidade irá contatar seus vizinhos da galáxia. Até porque os pesquisadores contam com um verdadeiro arsenal de tecnologias digitais e telescópios espaciais para viabilizar a comunicação com outros seres inteligentes. Com essas armas, a ciência já vasculha os confins do universo, fotografa buracos negros, mede campos magnéticos, identifica outros sistemas solares e testemunha explosões de supernovas ocorridas há bilhões de anos.

ESPAÇO

Carl Sagan tinha paixão pela busca de inteligência extraterrestre. Um de seus livros tem o título de *Murmúrios da Terra* (Editora Francisco Alves), e relata as pesquisas para a seleção dos registros enviados ao espaço no interior das sondas Voyager 1 e 2, em 1977. Cada uma delas levava notícias da Terra, saudações em 54 línguas, mensagem especial das Nações Unidas, 118 imagens (fotos e ilustrações), sons gravados de trovão, cantos de pássaros e de baleias e muita música. Tudo isso na doce esperança de que um dia, daqui a bilhões de anos, seres estranhos de outras galáxias recolham e decifrem nossa identidade.

7 | INTERNET

O NASCIMENTO DA REDE MUNDIAL DE COMPUTADORES

A internet tem múltiplas efemérides e fases. Comecemos pela origem dessa rede mundial de computadores, nascida em 1969, a partir da Arpanet (*Advanced Research Projects Agency*), no auge da Guerra Fria. Sua implantação visava à preservação dos maiores bancos de dados e do próprio conhecimento científico acumulado e armazenado nas maiores universidades, laboratórios e centros de pesquisas dos Estados Unidos, ameaçados de destruição total na hipótese de um conflito nuclear com a antiga União Soviética. No entanto, a incompatibilidade na comunicação entre computadores de diferentes marcas e arquiteturas se mostrou uma grande dificuldade para o avanço da internet. Máquinas IBM só falavam com máquinas IBM. Burroughs, só com Burroughs. Fujitsu, só com Fujitsu.

Apenas em 1973, quando Vinton Cerf e Robert Kahn criaram protocolo TCP-IP (de *transport, control, protocol/internet protocol*), a comunicação entre computadores de arquiteturas totalmente diferentes tornou-se possível. A comunicação entre computadores passou então a ser feita pela chamada comutação por pacotes, na qual os bits se agrupam, formando conjuntos parecidos com envelopes que contêm até endereço por fora e mensagem por dentro. Resultado: o protocolo IP possibilita hoje que todos os computadores se comuniquem, não apenas com outros computadores na internet, mas com celulares, equipamentos de vídeo, bancos de dados e outros.

O segundo grande avanço para ao desenvolvimento da internet foi a criação da tecnologia de hipermídia *world wide web*, em 1990, por Tim Berners-Lee, físico inglês que trabalhava num dos laboratórios do Centro Europeu de Pesquisas Nucleares, em Genebra, com o objetivo imediato de criar novas ferramentas de comunicação para o intercâmbio de textos e gráficos com seus colegas do centro de pesquisas. O software deu novo visual e extrema facilidade de uso à velha internet acadêmica, consolidando a comunicação cliente-servidor em linguagem de marcação de hipertexto (*hypertext markup language*, ou HTML), em que podemos clicar numa palavra grifada em azul e abrir um novo link com o assunto a que se refere. Idealista, Berners-Lee nunca patenteou sua invenção. "Prefiro doar essa ferramenta à humanidade", explicava.

Paradoxalmente, os bilhões de dólares de dinheiro público investidos na internet nos últimos anos, não apenas pelo governo dos Estados Unidos mas por dezenas de países, inclusive o Brasil, acabaram beneficiando toda a humanidade.

Vinton Cerf é um executivo de sucesso, vice-presidente do Google, depois de ter sido vice-presidente da MCI, a gigante norte-americana que comprou a Embratel em 1998 e depois foi absorvida e arruinada pelos escândalos da WorldCom. O outro pioneiro, Tim Berners-Lee, está no Instituto

O primeiro vislumbre

Vannevar Bush foi o único cientista conhecido a vislumbrar algo parecido com a internet. O assunto é controvertido, pois, a rigor, nenhum cientista ou futurólogo previu a internet como a conhecemos hoje, ou seja, uma rede mundial de computadores aberta ao uso de qualquer ser humano. Bush, no entanto, sonhou com essa rede mesmo antes da invenção do computador, quando era diretor do Escritório de Pesquisa Científica e Desenvolvimento dos Estados Unidos, uma espécie de CNPq americano. Nesse cargo, orientou e apoiou com bolsas de pós-graduação a mais de 6 mil jovens cientistas.

Logo após a Segunda Guerra, em julho de 1945, Bush publicou um artigo notável, com o título de "As We May Think", na revista *The Atlantic* de Tecnologia de Massachusetts, o famoso MIT, onde cuida exclusivamente do banco de dados internacional dos endereços da internet. No ano 2000, recebeu um prêmio do governo da Finlândia, que é o reconhecimento mundial por seu desprendimento e sua contribuição ao desenvolvimento da internet. Ele também foi agraciado com o título de cavaleiro da Ordem do Império Britânico, concedido pela rainha Elizabeth II.

A internet é um dos maiores inventos do século XX e o primeiro serviço a quebrar a barreira de um bilhão de usuários em menos de dez anos.

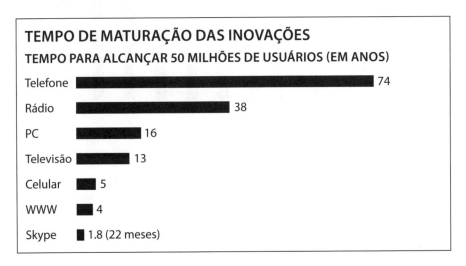

Monthly, de julho de 1945, em que pregava a cooperação internacional visando à democratização global do conhecimento científico e defendendo incentivos especiais para cientistas.

O cientista antecipou o futuro, supondo que um dia o homem viria a obter informação e conhecimento no teclado de uma máquina lógica "com a mesma segurança e facilidade com que as pessoas registram uma venda na caixa registradora". Além disso, concebeu uma máquina fotoeletromecânica, a que deu nome de Memex — baseada em fotocélulas e fotografia instantânea — destinada a produzir referências cruzadas entre documentos microfilmados por meio de um código binário.

A revolução da internet

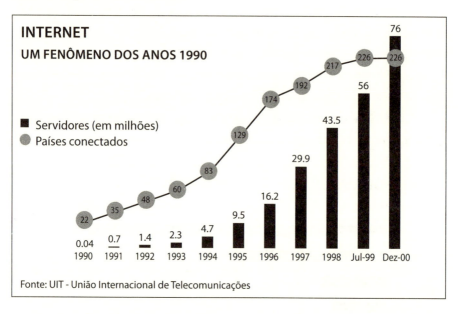

A teia mundial da informação tem feito uma verdadeira revolução no mundo. Em apenas uma década, de 1992 a 2002, ela expandiu-se de poucos milhares para alcançar 1 bilhão de usuários em 2002. No final de 2005, quebrou a barreira do segundo bilhão. Em 2010 deverá saltar para 3 bilhões. Em 2015, para 4 bilhões de seres humanos, o que deverá equivaler a mais de 50% da população mundial daquele ano.

Qual será o impacto dessa nova internet em nossa vida diária, ou na economia global ou local, com maior largura de banda e maior velocidade da internet? Os futuros browsers e motores de busca farão o papel de agentes inteligentes. Trabalharão 24 horas por dia em pesquisas de âmbito mundial, muito mais complexas, mais rápidas e mais baratas do que todos os atuais Google, Yahoo e Windows Life juntos.

A INTERNET NO BRASIL

Em julho de 2008, o Brasil já tinha 50 milhões de usuários de computadores pessoais, 41 milhões dos quais com acesso à internet, sendo 8,5 milhões em banda larga. Esses números nos mostram que uma expressiva parcela da população brasileira já conta com a rede mundial de computadores para seu trabalho cotidiano. O grande salto para a inclusão digital daqui para o futuro será a expansão do número de cidadãos com acesso à banda larga.

Na condição de jornalista especializado, organizei e coordenei um dos primeiros seminários internacionais sobre a internet no Brasil, em novembro de 1994, com a participação da Internet Society, então sob a presidência de Vinton Cerf. Poucas pessoas naquela época tinham idéia do que estava por acontecer com a internet. Ninguém imaginava as proporções que o desenvolvimento da rede mundial poderia assumir em todo o mundo.

Quais eram as previsões em relação à internet nos anos 1990?

Uma das previsões que ouvi de gurus em 1994 dizia que, em uma década, a rede mundial alcançaria mais de 100 milhões de pessoas. Em julho de 2008, ao conferir essa projeção, constato que o crescimento efetivamente ocorrido foi dez vezes maior. O mundo fechou o ano de 2007 com quase 1,8 bilhão de internautas.

Com a posse de Sérgio Motta no Ministério das Comunicações, em janeiro de 1995, os setores envolvidos começaram a discutir o futuro da internet no Brasil. A primeira discussão — semelhante à do sexo dos anjos — levantava uma questão surrealista: "Internet é informática ou telecomunicação?". Se fosse informática, não caberia nenhuma providência do Ministério das Comunicações. Depois de dois meses, chegaram à conclusão brilhante de que a rede era o primeiro grande exemplo de convergência de três grandes áreas: tecnologia da informação, telecomunicações e multimídia (ou conteúdo). Por outras palavras, internet é o resultado da convergência de tecnologias e de meios.

Em abril de 1995, a Embratel, ainda monopolista e estatal, decidiu assumir a frente do processo de implantação da infra-estrutura de rede destinada ao funcionamento comercial da internet no Brasil. Só havia um pequeno equívoco: a empresa pleiteava o monopólio do transporte e do acesso da web no país. Havia milhares de interessados em obter um endereço na web, mas a Embratel ainda não estava preparada para atender à demanda e ainda proclamava sua intenção de monopolizar o acesso e o uso das redes públicas.

Em debates acalorados, levamos a Sérgio Motta não apenas o protesto, mas também as sugestões para que o ministro impedisse a operadora de longa distância, ou qualquer outra estatal, do Sistema Telebrás ou não, de exercer qualquer tipo de monopólio ou exclusivismo. O problema deu tanta dor de cabeça aos dirigentes da Embratel que o assunto passou a ser chamado de *infernet* — especialmente quando uma portaria publicada no dia 1° de junho de 1995, assinada por Sérgio Motta, abriu o uso das redes públicas ao acesso da web, definindo também a internet como sendo o "nome genérico que designa o conjunto de redes, meios de transmissão e comutação, roteadores, equipamentos e protocolos necessários à comunicação entre computadores, bem como o software e os dados contidos nestes computadores".

Obter um endereço eletrônico e o acesso aos serviços na Embratel nesses primeiros meses de 1995 era um exercício de paciência que poderia levar meses de espera. Estimulamos até uma das filhas de Sérgio Motta a pleitear os serviços, sem mencionar seu parentesco com o ministro, para mostrar com maior realismo e credibilidade a lentidão no atendimento à demanda pela Embratel estatal. O exemplo dentro de casa funcionou como gota d'água na persuasão de Serjão, que se convenceu definitivamente da inconveniência do monopólio na internet.

A expansão da internet, ocorrida de 1995 até hoje no Brasil, pode ser resumida nos seguintes números. De pouco mais de 50 mil usuários no final de maio de 1995, o Brasil quebrou a barreira dos 40 milhões no final de junho de 2008. Mesmo depois do fim da "bolha" e de suas conseqüências catastróficas no mundo e no Brasil — eliminando centenas ou milhares de empresas ponto-com que não tinham estrutura nem condições de sucesso — a internet brasileira consolidou sua posição e seu papel na sociedade.

Já no final dos anos 1990, um especialista sintetizou tudo em poucas palavras: "Empresas que não estão na internet, estão fora do mundo". Não apenas empresas, mas profissionais de qualquer área ou instituições de qualquer natureza — do Vaticano à Nasa.

Com a privatização das telecomunicações, a oferta de meios de transporte dos sinais, bem como de acesso e conteúdo, fez explodir o desenvolvimento da internet no país. Passando a competir num novo ambiente, a Embratel acabou mostrando sua competência e a qualidade de sua infra-estrutura na implementação do maior *backbone* da América Latina.

INTERNET

E-COMM NO BRASIL CHEGA A QUASE US$ 50 BILHÕES/ANO

Segundo a Pesquisa de Comércio Eletrônico no Mercado Brasileiro, da Fundação Getúlio Vargas, o total de negócios feitos na web tem evoluído da seguinte forma:

US$ 5,7 bilhões em 2002
US$ 11,8 bilhões em 2003
US$ 16,4 bilhões em 2004
US$ 27,2 bilhões em 2005
US$ 33,4 bilhões em 2006
US$ 46,7 bilhões em 2007
US$ 62,2 bilhões em 2008(*)

(*) estimativa

WIKIPÉDIA, UTOPIA MUNDIAL DO CONHECIMENTO

A internet tem feito nascer e renascer um mundo de projetos colaborativos, que buscam a paz, o entendimento, a melhoria do mundo, a democratização da cultura. São sonhos quase utópicos. Um dos que está ressurgindo é o projeto de língua universal, o esperanto, lançado em 1887 pelo professor polonês Lázaro Zamenhof, e que pretende tornar-se a segunda língua de cada povo. Ela já é falada por dois milhões de idealistas (www. esperanto.org) em todo o mundo. Com a web, essa língua internacional talvez ganhe nova força.

O Linux, sistema operacional aberto e livre, é outra utopia que desafia os céticos (www.linux.org). Criado em 1991 por Linus Torvald, jovem finlandês, é excelente ferramenta didática para a educação, embora não faça milagre nem inclua digitalmente milhões de pessoas como sonham alguns.

A terceira quase-utopia que emerge com grande força em todo mundo é a Wikipédia, enciclopédia virtual on-line, fundada em 2001 por Larry Sanger, professor-convidado de filosofia da Universidade do Estado de Ohio, e Jimmy Wales, empreendedor na internet. Esse projeto de difusão internacional do conhecimento está aberto à colaboração e ao acesso de qualquer ser humano (http//en.wikipedia.org).

Parece milagre, mas a Wikipédia existe, funciona e está dando certo — pelo menos até aqui — numa velocidade maior do que a língua universal e o software aberto.

Você já imaginou o que significa um site que permite ao usuário não apenas consultar, acessar todas as seções, mas poder escrever artigos sobre qualquer tema, ampliá-los, completá-los, corrigi-los, editá-los, opinar, discordar e participar de discussões sobre tudo, no mais alto nível? Pois assim tem sido. Não há trote, nem baixaria. A Wikipédia é apresentada mundialmente em mais de duzentos idiomas, ou seja, em praticamente todas as línguas do mundo. O melhor de tudo é que o site em português já tem quase mais de 400 mil artigos (http//pt.wikipedia.org). Em inglês são mais de 3 milhões.

Mas, o que é *wiki*? No jargão criado para essa enciclopédia virtual, *wiki* é uma coleção de páginas da web conectadas entre si e abertas à visitação e à modificação (ou edição) por qualquer pessoa a qualquer momento. O conceito de *wiki* e o programa foram inventados por Ward Cunningham.

Curiosamente, o jornal *The New York Times* publicou uma matéria sobre o site, comentando um dos mais raros casos de bloqueio temporário de um artigo da Wikipédia. A história de George W. Bush, aberta à contribuição mundial, causou as mais acirradas controvérsias (Cf.: www.wikipedia.org/wiki/George W._Bush).

Em matéria de curiosidade e diversidade, nunca vi nada igual à Wikipédia. Quando redigia este texto, li na página de abertura do dia da consulta notícias tão curiosas como as seguintes: o sucesso de um novo bidê high-tech japonês; a história do Templo da Lembrança, em Melburne, na Austrália, que homenageia os 60 mil mortos australianos na Primeira Guerra; a explosão com dinamite de baleias que morreram na praia; a história de Theo van Gogh, o cineasta holandês de 47 anos assassinado no dia 2 de novembro de 2004, em Amsterdã; a hipótese de que os dinossauros polares tenham vivido na Austrália durante o período pleistoceno, quando aquele continente e a Antártida ainda estavam interligados.

Segundo os organizadores, o objetivo central da Wikipedia é criar uma enciclopédia livre e confiável, capaz de transformar-se progressivamente na maior enciclopédia da história, tanto em amplitude como em profundidade.

E para a tranqüilidade de todos, não há nenhum grupo econômico ou corporação por trás da Wikipédia. Quem a administra é uma organização filantrópica chamada Fundação Wikimédia, que também gerencia a operação de projetos similares como o Wikcionário, a Nupédia e outros, além de ser proprietária desses domínios. No princípio, a dona dos servidores utilizados pela enciclopédia virtual era a Bomis Inc., companhia cujo proprietário era o Jimbo Wales, atualmente o financiador dos custos operacionais do site.

A Fundação Wikimédia, ao anunciar que substituía a Bomis, esclareceu também que se tornava proprietária de todos os nomes de domínio bem como do equipamente técnico. Cada usuário, ao contribuir com seus artigos nesse site, concorda com a chamada licença de documentação livre, de forma que os artigos sejam considerados de conteúdo aberto e possam ser reproduzidos livremente sob a mesma licença. Quem quiser informações mais detalhadas pode acessar os itens de copyright e de perguntas mais freqüentes no site da Wikipédia em português.

Resolvi me tornar um wikipedista. Quem quiser se tornar um desses usuários-autores precisa estar disposto a fazer um pequeno esforço de colaboração, como já ocorre com centenas de milhares de pessoas no mundo. É essencial, no entanto, saber como se edita cada artigo, cada parágrafo ou

PARA COMPREENDER O MUNDO DIGITAL

informação que esteja incompleta ou incorreta. Além da ousadia de corrigir qualquer imprecisão ou erro, precisa também ser polido, respeitoso, cordial e transparente.

SECOND LIFE É UM OUTRO MUNDO VIRTUAL 3D

O mundo virtual não se opõe ao real. Tanto assim que falamos em realidade virtual. Na verdade, o oposto de virtual é atual. Nossa sensação inicial diante do virtual é curiosa: tudo que é virtual tem algo de misterioso e intrigante, seja a internet, um espelho, ou mesmo o arco-íris.

O mundo virtual não apenas nos encanta como intriga, mas pode oferecer coisas que a apenas cinco anos atrás jamais poderíamos imaginar. A cada dia, a tecnologia nos faz entender melhor o mundo virtual: seja em realidade virtual, imagem virtual, máquina virtual, sexo virtual, texto virtual, livro virtual.

Second Life é o melhor exemplo do potencial da virtualização da internet, reproduzindo tudo que existe em nosso mundo concreto, de átomos. Numa descrição mais precisa, Second Life é um mundo virtual tridimensional, totalmente construído por seus moradores, que também são seus proprietários. Desde a sua abertura ao público, em 2003, ele tem crescido de forma explosiva, e sua população em julho de 2008 já se aproximava de 8 milhões, com moradores de todo o planeta.

Conheci o Second Life pelas mãos e palavras de um de seus pioneiros, o cientista brasileiro Jean Paul Jacob, no Laboratório de Almadén da IBM, na Califórnia. Jean Paul é dono de uma ilha nesse mundo virtual. Em duas horas de grande papo, diante do computador, ele demonstrou tudo que o Second Life nos pode proporcionar como experiência inovadora.

Nesse novo mundo podemos ser visitantes ou moradores. Somos representados visualmente por um avatar, um boneco que criamos segundo nossas preferências. Utilizando os comandos do computador, podemos fazer nosso avatar andar, voar, correr, sentar, passear, discutir, pesquisar, aprender, comprar, vender ou simplesmente contemplar suas imagens.

INTERNET

A partir do momento em que o visitante entra no Second Life, descobre um vasto continente digital, vibrante de vida, atividades humanas, entretenimento, experiências e oportunidades. Explorando mais um pouco esse novo mundo, esse visitante talvez queira adquirir um pedaço de terra para construir sua casa ou negócio.

O Second Life tem duas coisas essenciais: a) as *criações*, que são objetos e produtos que circundam os moradores, e podem ser comprados e vendidos a outros residentes; e b) o *mercado*, que alcança milhões de dólares por mês em transações. Esse comércio é feito na moeda do Second Life: o dólar Linden, que pode ser convertido em dólares americanos, em câmbio feito on-line.

Jean Paul Jacob tem uma visão mais ambiciosa do Second Life e de sua aplicação em países emergentes: "Um tema que discuto e vejo com otimismo é o papel de projetos como esse na educação. É a esse tema que dedico minha ilha em Second Life, discutindo essencialmente como a educação poderá ser útil à economia de serviços no Brasil".

Outro aspecto que ele sugere é o da inovação em serviços: "Algo como inovação às suas ordens, semelhante aos projetos do tipo *wiki*. A Wikipédia é o exemplo mais conhecido. Eu diria que o Second Life é um *wiki* que tomou fortificante. Poderemos usar os *wikis* como sistema de produção".

Uma das sugestões dos criadores do Second Life é que todas as aplicações a serem desenvolvidas na área de educação na Ilha Almadén de Jean Paul Jacob sejam oferecidas pela IBM aos países do grupo BRIC (Brasil, Rússia, Índia e China).

Jean Paul é dono da Ilha Almadén, criada em abril de 2006 com o propósito de estudar a contribuição possível das novas mídias para a educação e o ensino, com o modelo colaborativo, redes sociais, jogos e outras formas. O tema inicial que escolheu foi "Serviços, Inovação e SSME" sigla inglesa de *services, science, management & engineering* (serviços, ciência, administração e engenharia).

Para montar seu projeto, Jean Paul gastou a maior parte do tempo na criação de apresentações simples, curtas e de fácil entendimento sobre as três áreas: serviços, inovação e ferramentas (SSME). Essas apresentações estão em diversos pontos da ilha, mas destinam-se antes de tudo a serem vistas na Praça dos Serviços, ponto central de Almadén.

Jean Paul Jacob tem ainda muitas idéias a serem implementadas. "Recentemente, eu me interessei em ajudar alguns grupos diferentes, depois de encontrar uma jovem programadora autista de 19 anos, da França, que se ofereceu para construir uma miniatura do laboratório real de Almadén. Descobri, então, que não sei muito sobre a situação dos autistas e quero saber muito mais."

Na Ilha de Almadén há vários ambientes. Um deles é o auditório, o Jacob Hall. Ali todos devem, em princípio, prestar atenção a um orador ou palestrante, que organiza uma atividade. Numa tela no fundo do palco são projetadas imagens de vídeo que mostram a vida real.

Um curioso recurso oferecido ao visitante é o "por-do-sol à la carte". A qualquer momento, o visitante ou morador pode sentar-se num banco na praça e pedir que o sol se ponha.

O Laboratório Linden

É interessante conhecer os propósitos do projeto Second Life a partir das palavras de seus fundadores. Quem está por trás da Second Life é uma empresa privada chamada Laboratório Linden (*Linden Lab*), fundada por Philip Rosedale em 1999 com o propósito de criar uma "nova forma revolucionária de compartilhar experiências tão rica e complexa como se ocorresse no mundo real". Por intermédio do mundo Second Life, o Laboratório Linden oferece um ambiente verdadeiramente colaborativo, imersivo e em três dimensões, criado e habitado por pessoas de toda a Terra.

O Linden Lab é financiado por um grupo de investidores de prestígio, que incluem Mitch Kapor, Catamount Ventures, Ray Ozzie, Benchmark Capital, Omidyar Network, Globespan Capital Partners e Bezos Expeditions.

O que buscam essas pessoas e entidades como sucesso? Nas palavras de Philip Rosedale, em entrevista ao USA *Today*, de 5 de junho de 2007:

INTERNET

"Não buscamos dinheiro. Para medir nosso sucesso, olharemos para trás e diremos: teremos feito tanto quanto podíamos para atingir o máximo de pessoas? Podemos alcançar um bilhão de pessoas? Isso será ótimo".

A missão Linden Lab é conectar todas essas pessoas num mundo on-line que melhore a condição humana. Esse laboratório diz ter uma ética e estilo de trabalho igualitário, como é descrito em *The Tao of Linden*, enfatizando a transparência, colaboração e o poder decisório mais amplo e difundido. Seus empregados (às vezes chamados Lindensã, com esta mesma grafia), são estimulados a escolher seu próprio trabalho, colaborando extensivamente, comunicando seus projetos e intenções, avaliando seu progresso semanalmente e fazendo tudo com o estilo e a ética do Linden Lab.

Originalmente, o Linden Lab se chamava *Linden Research* e ficava localizado na Rua Linden (*Linden Street*), na cidade de São Francisco, na Califórnia. Hoje, a empresa tem escritórios espalhados por vários locais, a começar de um campus principal na praia denominada North Beach, em São Francisco, com nós adicionais nas cidades americanas de Mountain View, Seattle e Boston. E já expande suas atividades pela Europa e pela Ásia.

8 REDES

CONECTIVIDADE, A NOVA APOSTA DE BILL GATES

Estamos vivendo a década digital em sua plenitude. Ela nos assegura chips de 64 bits, softwares de produção gráfica, games incríveis, realidade virtual, alta definição, recursos de armazenamento quase ilimitados, de gigabytes a terabytes e, logo, petabytes. Vejam o que aconteceu com a fotografia. A cada dia, 2 bilhões de pessoas fotografam usando câmeras de até 16 megapixels. Mais de 2,5 bilhões de seres humanos utilizam o celular. A internet conecta mais de 1 bilhão de usuários. 40% dos domicílios norte-americanos dispõem de pelo menos um PC ligado à web. Cresce em todo o mundo o número de usuários de redes sem fio WiFi, WiMax ou celular 3G. O que mais falta acontecer? Falta interligar tudo isso. O mundo precisa de conectividade. É o que vem por aí.

Essas palavras são de Bill Gates, ao falar pelo décimo ano consecutivo na véspera da abertura do Consumer Electronics Show 2006, em Las Vegas. Diferentemente das apresentações anteriores, como *keynote speaker*, o fundador e presidente da Microsoft preferiu dar mais destaque às suas idéias de visionário da tecnologia digital e de apóstolo da conectividade do que de marqueteiro dos produtos da Microsoft. Por isso, falou muito menos do novo sistema operacional Windows Vista do que de um conceito que parece despertar sua paixão atual: conectividade, ou, para os especialistas, convergência digital.

É claro que o conceito de conectividade foi utilizado também como argumento poderoso para introduzir produtos capazes de concretizar alguns sonhos de todos nós, usuários. Bill Gates tem hoje outro estilo em suas apresentações: explica tudo de forma muito mais didática e acessível. Confiram este trecho: "Que é conectividade? É um novo caminho que nos permite ouvir música onde estivermos, trabalhar onde quisermos, buscar experiências no momento e no lugar mais desejado".

Recorrendo a exemplos de conectividade, e convidando especialistas da Microsoft para demonstrá-los ao vivo durante sua palestra, Bill Gates deu a idéia exata da sinergia entre o Windows Vista, o Windows Live e o Office. Mas não ousou apertar nenhuma tecla e sempre convidou um especialista para conduzir cada demonstração. E, para sua alegria, tudo saiu perfeito, sem nenhum travamento, como aconteceu algumas vezes no passado. Por isso, o público aplaudia com entusiasmo o sucesso de cada demonstração dos recursos realmente incríveis do Vista.

O mais admirado e surpreendente de seus recursos é, a meu ver, essa sinergia, ou poder de associação dos recursos do trio Vista-Live-Office, permitindo tanto a correção de fotos, como animação, recuperação de documentos apagados inadvertidamente e outras soluções. Um aplicativo denominado "Live Search" encantou a platéia quando projetou nas telas gigantes um sistema de localização que usa os recursos de posicionamento global via satélite (GPS, na sigla em inglês), localizando endereços em Las Vegas, num vôo rasante virtual de helicóptero sobre a própria cidade.

Um dos pontos mais interessantes da apresentação de produtos foi, sem dúvida, o anúncio do servidor doméstico da Microsoft, o Windows Home Server. Para que serve um servidor doméstico? "Com esse equipamento — diz Bill Gates — "você faz backup de tudo; você estabelece a conectividade total de seus equipamentos domésticos, e mais, leva a conectividade a pontos remotos, distantes da casa ou do escritório". O que era uma tendência quase futurológica nas apresentações anteriores da Microsoft se torna realidade com o lançamento do servidor doméstico.

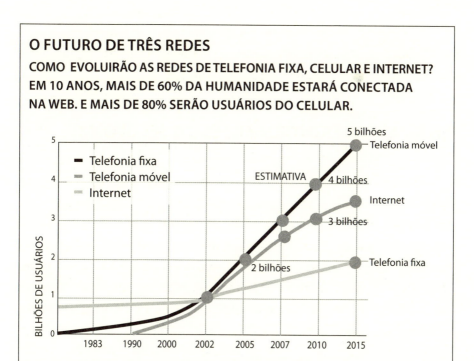

As últimas versões da Feira de Las Vegas confirmam em grande parte as tendências mostradas por Bill Gates, quais sejam:

- Todas os tipos de imagens eletrônicas evoluirão para a alta definição graças aos recursos e aos custos decrescentes dos dois formatos de DVDs de alta definição recém-lançados: o Blu-ray disc e o HD-DVD.
- Todos os equipamentos se conectarão na casa digital graças aos servidores domésticos que assegurarão não apenas conectividade, mas também armazenamento e backup para arquivos de computador, fotos, programas de TV, filmes e software.
- Todas as redes sem fio de banda larga — Bluetooth, WiFi, WiMAX e WiMesh — convergirão e darão acesso à internet e ao celular.
- Todas as formas de televisão evoluirão para o padrão IPTV, isto é, televisão sobre protocolo da internet.

Esperamos que o mundo possa aproveitar ao máximo o que a tecnologia digital pode nos proporcionar no trabalho, na vida cotidiana, no entretenimento nas novas experiências culturais.

NGNs, AS REDES INTELIGENTES DO SÉCULO XXI

O mundo das comunicações é hoje o mundo das redes unificadas, isto é, baseadas em bits, pacotes e protocolos padronizados. A cada dia que passa essas redes ganham maior conectividade e compatibilidade, sejam elas a cabo ou sem fio — ou, segundo o jargão internacional, *wireline* ou *wireless*. Além de transmitir voz, dados e imagens, as redes de telecomunicações fazem coisas cada dia mais prodigiosas: identificam usuários, autorizam o acesso, encaminham ligações, sinalizam qualquer ocorrência ou situação anômala, orientam os clientes, detectam falhas, tarifam serviços e interligam-se com outras redes, garantindo a interoperabilidade em escala mundial.

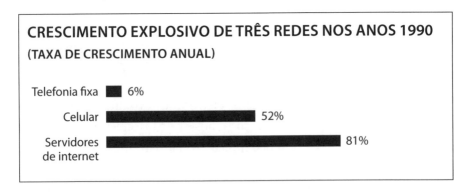

Com o advento da internet, surgiram as redes de nova geração (NGN, na sigla inglesa, de *new generation network*). Na verdade, a designação de rede de nova geração se refere a diferentes tecnologias associadas. Assim, a denominação internacional de NGN pode designar tanto redes metálicas, de fibras ópticas, sem fio ou híbridas. Não importa muito sua infra-estrutura, mas duas características básicas: todas as NGNs são redes inteligentes e utilizam o protocolo IP.

Lembram-se quando a rede telegráfica era uma espécie de inteligência das estradas de ferro? Sem o telégrafo os trens não circulavam com segurança. O mundo atual precisa cada dia mais de redes inteligentes para supervisionar estradas, ferrovias, companhias aéreas, serviços de distribuição, comércio nacional ou mundial, ou mesmo as telecomunicações. Assim nasceu a internet, a maior rede global de informação.

O ponto-chave não está na infra-estrutura da rede NGN, mas em sua capacidade de oferecer novo tipo de manuseio, gerenciamento e utilização da informação para todos os envolvidos. Essa rede é, na verdade, uma plataforma convergente do tipo C&C, associando computadores e comunicações, para usar a expressão consagrada pela NEC Corp.

Nesse sentido, as NGNS constituem uma das maiores mudanças de paradigmas em relação aos sistemas convencionais de manuseio e recuperação da informação. A partir desse novo paradigma, ocorre uma nova combinação de empresas de negócios tradicionais, associando os interesses das operadoras de telecomunicações com os de provedores de serviços e de conteúdos.

No Japão, as NGNS estão possivelmente mais avançadas do que na maioria dos outros países. Operadoras de grande porte, como a KDDI e o grupo NTT, são as mais ativas na implantação de NGNS. Como exemplo desse avanço, essas grandes operadoras estão acelerando a oferta de redes de fibras ópticas do tipo *fiber-to-the-home* (FTTH), por meio das quais asseguram ao usuário final acessos de centenas de megabits por segundo (Mb/s). Com essas redes, empresas de todos os portes podem usufruir não apenas de downloads de alta velocidade, mas também comunicar-se de usuário a usuário (*peer-to-peer*), seja via fibras ópticas, via serviços móveis ou ambos.

Um dos serviços recentes anunciados pelo grupo NTT é a carteira eletrônica ou carteira virtual móvel (*mobile wallet*), lançada pela operadora de celular NTT-DO-CO-MO. Com esses serviços, o celular se transforma em meio de pagamento, mais rápido e seguro do que os cartões de crédito, passando também a permitir serviços muito mais variados, rápidos e seguros de comércio eletrônico e de localização de pessoas via GPS totalmente gratuitos.

Outro serviço iniciado pela operadora celular é o de vídeo de alta definição. Com telas maiores, os celulares podem mostrar excelentes imagens de vídeo digital. Essas redes de comunicações móveis já ultrapassaram a performance da terceira geração (3G) e podem ser consideradas de 3,5G no jargão tecnológico.

Nessas redes, a combinação da alta capacidade das redes móveis com o potencial das redes de fibras ópticas, como as redes FTTH, produz um novo ambiente de integração no Japão.

O protocolo IP se tornou um padrão mundial. Mas é preciso dar mais segurança às redes do que a internet pode oferecer. Para tanto é preciso considerar seis qualidades básicas das redes inteligentes:

- *Escalabilidade*, para poder crescer continuamente.
- *Interoperabilidade*, para integrar-se a todas as demais redes.
- *Adaptabilidade*, para assegurar o máximo de flexibilidade se ajustar a todos os novos ambientes e plataformas.
- *Disponibilidade permanente*, para estar presente a qualquer hora.
- *Segurança*, para assegurar o máximo de confiabilidade.
- *Visibilidade*, para ser perceptível em todos formatos, usos, tendências e até indicações de eventuais falhas operacionais.

PREPARE-SE PARA AS SUPER-REDES DO FUTURO

Há tecnologias que já se incorporaram definitivamente ao nosso dia-a-dia, como, por exemplo, o rádio, presente em nossa vida há mais de um século. O mesmo está acontecendo com outras formas de comunicação que se tornam populares, como a TV e o celular. Ou com as super-redes wireless de banda larga, que farão parte de nosso cotidiano antes de 2010. Não se assuste nem se impressione, portanto, com as siglas complicadas dessas novas redes. O que realmente interessa é o benefício que elas nos poderão trazer.

Arrisco até uma previsão: daqui a cinco anos você vai usar as redes sem fio de alta velocidade com a mesma naturalidade com que usa hoje o celular. E estará familiarizado com uma sigla que hoje pode parecer misteriosa a quase todas as pessoas: HSPA. Antes de explicá-la, no entanto, precisamos fazer um pequeno retrospecto da telefonia sem fio (ver também o capítulo 3 deste livro).

A primeira geração (1G) de telefonia móvel celular surgiu no começo da década de 1980. Era totalmente analógica e de banda estreita, não podendo, portanto, transmitir mais do que a voz humana e dados de baixa velocidade. A segunda (2G) chegou nos anos 1990, oferecendo os avanços da digitalização e de maior velocidade de transmissão. A terceira (3G), que está sendo implantada desde 2003 em todo o mundo, oferece a comunicação em banda larga e muito maior velocidade de transmissão dos sinais.

Em paralelo à chegada da 3G, o mundo vive hoje a explosão das redes sem fio, que passam a interligar celular, computador, televisão, câmeras digitais, iPods, PDAS e outros aparelhos de tecnologia pessoal ou de eletrônica de consumo. A primeira rede foi a Bluetooth, que não alcança mais do que dezenas de metros. Logo em seguida surgiu a rede Wi-Fi (*wireless fidelity*), com alcance maior, por volta de 150 metros, possibilitando o acesso em alta velocidade à internet. E, como todos pediam maior cobertura, foram criadas as redes Wi-MAX (*worldwide interoperability for microwave access*), que alcança vários quilômetros.

Depois de Bluetooth, Wi-Fi e Wi-MAX, chega a vez daquelas que podem ser chamadas de super-redes wireless do futuro. A primeira delas era designada ainda por uma sopa de letrinhas: HSDPA (*high speed downlink packet access*), algo como "acesso via downlink de pacotes em alta velocidade". Seu potencial inicial já era algo surpreendente: 14 megabits por segundo (MBPS). Em sentido oposto dessa rede, surge a HSUPA (*high speed uplink packet access*), ou "acesso via uplink de pacotes em alta velocidade".

A combinação de ambas as redes — para downlink e uplink — passa a ser representada simplesmente pela sigla HSPA (*high speed packet access*), que deverá ser a designação futura dessas redes sem fio de pacotes de alta velocidade. Ao longo do ano 2006, diversas operadoras e fabricantes demonstraram a evolução das redes HSPA, com velocidades acima de 14, 20, 30, 50 e 100 MBPS. Na Alemanha, conseguiu-se até uma transmissão a 300 megabits por segundo.

Grandes operadoras celulares e de longa distância norte-americanas — tais como a Verizon, a Sprint e a Cingular — acabam de instalar as novas redes de banda larga sem fio HSPA com o objetivo de assegurar a oferta e o acesso a serviços de alta velocidade, acima de 14 Mbps, que só essa tecnologia pode proporcionar. No caso da Cingular, depois de instalar sua rede de terceira geração celular no padrão UMTS (*universal mobile telephone system*), com tecnologia W-CDMA (*wideband-code division multiple access*), a 1,8 Mbps, a operadora decidiu partir para as redes HSPA.

A Cingular escolheu um modelo de telefone celular fabricado pela coreana LG, que é o menor do mercado, e permite o download em alta velocidade de tudo que o usuário possa imaginar, como música MP3 ou no formato da Microsoft (WMA), áudio e vídeo, programas de televisão ou vídeo streaming, com a melhor qualidade possível, mesmo com o celular em movimento. Além do acesso à web via celular, milhares de usuários poderão contar dentro de algumas semanas com os cartões do tipo PC-card, da tecnologia HSDPA, para conexões *always on* (sempre ligadas) em seus laptops.

A grande vantagem é a integração de todos os padrões sem fio, como se fossem uma só rede sem costura, e não o uso isolado de cada uma delas. A integração Bluetooth/Wi-Fi/Wi-MAX, por exemplo, pode ser feita na mesma freqüência de 2,4 GHZ, que não exige licença.

Mobilidade e banda larga — em qualquer lugar e a qualquer hora — parecem constituir a grande conquista para nós, usuários. Essas redes integradas tornarão ainda mais úteis o celular, o computador de mão e a internet.

RUMO À CONVERGÊNCIA TOTAL

Para nós, usuários, o que interessa é o resultado prático, as soluções e benefícios que o avanço tecnológico pode trazer. Não temos necessariamente que conhecer siglas, jargão ou como funcionam os novos serviços e equipamentos. Mas é sempre melhor entender os conceitos básicos da tecnologia que está mudando nossa vida.

Quer ver um bom exemplo dessa situação? Por volta de 2015, eu e você poderemos estar começando a utilizar um celular superavançado, que poderá conectar-se com qualquer outro serviço ou equipamento, em qualquer lugar, a qualquer hora. Na expressão dos visionários, a convergência de tecnologias será tão intensa que o usuário poderá dispor de qualquer serviço, a qualquer momento, em qualquer lugar, sobre qualquer rede, utilizando qualquer aparelho ou dispositivo. Ou, na expressão inglesa: *any service, over any network, to any device.*

O GRANDE SALTO DAS REDES SEM FIO

A REVOLUÇÃO DA MOBILIDADE: DAS REDES WIRELESS WAN À WIRELESS PANS

WAN = Wide Area Networks– Grandes Áreas, cobrindo um país ou estado.
MAN = Metropolitan Area Networks – Cobrindo regiões metropolitanas
LAN = Local Area Networks– Redes locais, cobrindo empresas
PAN = Personal Area Network s – Redes pessoais, cobrindo residências ou escritórios

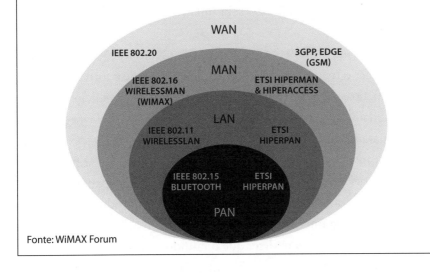

Fonte: WiMAX Forum

Uma das grandes tendências das telecomunicações é exatamente essa possibilidade de convergência total de serviços, tecnologias, redes, protocolos, aplicações e dispositivos, que, aliás, já tem nome: "subsistema de multimídia com protocolo IP" (já conhecido pela sigla IMS, do inglês, *IP multimedia subsystem*).

Bluetooth, Wi-Fi, Wi-Max, Wi-Mesh, UWB (*ultrawide band*) têm sido as redes sem fio de banda larga que revolucionam a comunicação móvel nos últimos anos. Imagine as mudanças a que assistiremos com a fusão dessas redes wireless com as redes cabeadas ou com fio, formando as redes híbridas IMS. Por volta de 2015, as redes de banda larga (B-Nets) interligarão casas, escolas, hotéis, escritórios, bancos, restaurantes, aeroportos, estádios e shopping centers. As comunicações fluirão pelo planeta sobre redes contínuas (*seamless*), com a integração de redes metálicas, ópticas e sem fio às redes atuais. Segundo Ben Verwaayen, CEO e chairman da British Telecom, as redes híbridas de banda larga conectarão a maioria dos seres humanos nos próximos 10 anos. A TV digital de alta definição (HDTV) bidirecional (no padrão IP), a internet e os serviços múltiplos de comunicação de dados de alta velocidade estarão disponíveis na maioria das residências e dos escritórios do Brasil e do mundo.

Para Dan Carrol, CEO da Telcordia, estamos diante da convergência de redes, serviços, aplicações e dispositivos: "É um fato da vida cotidiana. Não se trata mais de saber se tudo isso será uma realidade, mas, sim, de saber quando e como".

O IMS é a mais promissora tendência das comunicações. E o mundo começa a vencer o maior desafio à sua implantação, que é torná-la factível, eficiente, vantajosa e competitiva em termos de custo e benefícios.

Na realidade, convergência deixou de ser apenas uma palavra da moda, charmosa, para se tornar realidade cotidiana em nossa vida, especialmente depois que a internet se tornou uma rede mundial disponível para quase 2 bilhões de pessoas. Uma das conseqüências diretas da expansão mundial dessa rede foi o domínio de fato de seu protocolo em todo o planeta, ou seja, do protocolo da internet conhecido pela sigla IP.

Não é, portanto, exagero dizer que o mundo vive a revolução IP. É essa tecnologia que vai unificando as comunicações, no IMS, numa verdadeira revolução, possibilitando a convergência de todas as formas de comunicação, fixas, móveis, por fio, sem fio, de voz, de dados, de imagens.

Não têm sido poucos, entretanto, os desafios que dificultam o IMS de tornar-se realidade plena e cotidiana, tão corriqueiro quanto, por exemplo, a internet ou a telefonia celular. Para surpresa de muita gente, entre tantos aspectos já resolvidos está a fixação de padrões que assegurem a interoperabilidade mundial. Sim, a maioria desses padrões já foram fixados e aceitos pela comunidade internacional. Falta consenso ainda em alguns pontos na área de redes — como celular, Wi-Fi, Wi-MAX e outras.

Outra questão fundamental é o impacto do IMS sobre os modelos de negócios e as questões regulatórias. O mundo terá que evoluir rapidamente para novos conceitos de licença, autorização e concessão de serviços. Chegaremos mais depressa do que se imaginava ao conceito de licença única, em que uma operadora passa a prestar não apenas serviços de telefonia fixa ou móvel, longa distância ou banda larga, mas também de distribuidora de conteúdos — voz, dados, imagens, serviços de valor adicionado, etc. — inclusive de radiodifusão (rádio e TV).

Muito antes da chegada do IMS, as grandes operadoras de telecomunicações já vivem o desafio da redução de receitas e do aumento da competição cada dia mais agressiva das menores empresas que entram no mercado graças a tecnologias como voz sobre IP (VOIP), Wi-Fi ou Wi-MAX, ou mesmo de operadoras de TV a cabo.

Para minimizar esses riscos, as operadoras têm que recorrer a consultorias altamente especializadas, capazes de ver os desafios com maior antecedência, preparar diagnósticos realistas e propor soluções que permitam a transição de ambientes sem os choques que podem ser fatais para concessionárias incapazes de reagir em tempo à mudança de paradigmas decorrentes da evolução tecnológica, da privatização, da competição, da globalização e da mudança de critérios regulatórios.

O MUNDO VIROU UMA PLATAFORMA IP

Depois de haver atravessado a maior crise setorial de sua história entre 2001 e 2005, os maiores fabricantes de equipamentos e sistemas de telecomunicações do mundo — entre os quais a NEC, a Lucent, a Nortel, a Siemens, a Ericsson e a Alcatel — praticamente renasceram. Mais do que a bolha da internet ou um terremoto, o que se abateu sobre essas indústrias foi um tsunami, tal o seu impacto. A boa notícia é a recuperação, ou melhor, o renascimento dessas empresas. O caso específico da NEC Corporation seja talvez o mais interessante, conforme conta seu presidente mundial, Kaoru Yano.

Como outras suas concorrentes em todo o mundo, a NEC se dedicava até o final da década de 1990 às comunicações, computadores e componentes. Para enfrentar o desafio das mudanças de paradigmas, a NEC teve que mudar radicalmente. E, melhor do que tudo, renovou-se, reinventou-se, e se considera preparada para os novos desafios da convergência digital, segundo seu presidente. Hoje, tudo parece mudar na grande empresa japonesa.

"Diante do impacto do fim da bolha da internet e das telecomunicações — diz Yano — a NEC passou por profundo processo de reestruturação, elegendo suas três áreas principais de atuais: a) redes (*networking*); b) tecnologia da informação; e c) componentes. Nosso propósito em cada uma dessas áreas é oferecer às corporações de todo o mundo as soluções de tecnologia da informação e de comunicações que os novos tempos exigem."

Assim, em lugar da comutação digital por divisão temporal destinada principalmente às grandes operadoras de telefonia fixa, a NEC oferece hoje soluções baseadas na tecnologia IP. Não apenas comunicação via cabo, mas também, e em grande escala, a comunicação sem fio. O número de assinantes desses serviços móveis cresceu tanto nos últimos dez anos que ultrapassou o dos serviços fixos.

Na área de tecnologia da informação, a grande mudança ocorreu na passagem da computação centralizada para o processamento distribuído. Nos velhos tempos, o *mainframe* era uma espécie de rei, e os sistemas fechados e protocolos, proprietários. Agora, não. Vivemos a era dos sistemas abertos e distribuídos. E o grande exemplo que temos aí são as redes baseadas no protocolo IP.

A área de componentes também sofreu profundas mudanças. "Veja o que aconteceu com os semicondutores e displays, monitores de plasma e cristal liquido (LCD, de *liquid crystal displays*). No passado tínhamos praticamente um grande componente para monitores: os tubos de raios catódicos (CRTS). Na área de semicondutores tivemos não apenas a mudança de dimensões, mas avanços de funcionalidade, com destaque para o que chamamos de sistemas num único chip."

Mas existe outro segmento em que a NEC compete diretamente com a IBM, disputando a liderança mundial, que é o segmento de supercomputadores. Até 2003, o campeão mundial nessa área era o supercomputador denominado Earth Simulator da NEC, que acabou sendo ultrapassado primeiro pelo Blue Gene, e depois pelo Roadrunner, ambos da IBM.

A IMPORTÂNCIA DO ARMAZENAMENTO

No mundo moderno, todas as informações são reduzidas a bits. Esse processo de digitalização aliado ao desenvolvimento das tecnologias de armazenamento de massa (*mass storage*) tem revolucionado a gestão empresarial. As corporações passam a depender cada dia mais de meios seguros e confiáveis de armazenamento e recuperação de dados. Até o usuário individual já ganha consciência da necessidade de assegurar backups ou redundância confiável de todos os seus dados profissionais ou pessoais. Imagine-se, então, a atenção que deve merecer o armazenamento seguro dos dados da vida de cada empresa. *Storage*, na expressão internacional, se transformou em condição essencial para o progresso e a competitividade não apenas das grandes corporações, mas também das pequenas e médias empresas.

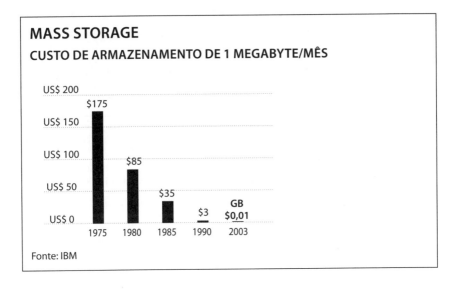

Por que as empresas deixaram de investir nesse campo de grande significado para o futuro da tecnologia? A resposta de David Roberson, CEO da Hitachi Data Systems (HDS), é clara e direta: "Em geral, isso acontece por falta de recursos. As grandes empresas não estão dispostas a pagar pelo custo mais elevado e pelos riscos da pesquisa básica. Mas é ela que garante o futuro a longo prazo e que nos permite a verdadeira inovação, a descoberta de novas tecnologias e novos caminhos, não apenas para o armazenamento mas para todas as formas de processos digitais".

Para o presidente da HDS, o armazenamento se tornou elemento estratégico na economia moderna: "No mercado atual, os negócios dependem fundamentalmente das informações como recurso para gerar competitividade. A disponibilidade e a confiabilidade dessas informações, por sua vez, dependem de uma infra-estrutura de armazenamento capaz de assegurar o acesso, a garantia e a proteção dos dados. É nesse mundo que atua a HDS, cuja estratégia se volta agora para a inclusão do maior número de pequenas e médias empresas".

A tecnologia de armazenamento está evoluindo rapidamente. Embora tudo indique uma evolução de sistemas móveis, como os hard disks, e fitas para sistemas fixos e sólidos do tipo flash, todas essas tecnologias ainda deverão ser utilizadas por muito tempo em função das vantagens de cada uma, seja nos custos, na velocidade de acesso ou de transferência de dados.

Na realidade, o armazenamento digital se baseia essencialmente em processos de virtualização, ou seja, no conjunto de técnicas para ocultar as características físicas dos recursos de computação. O objeto virtual se opõe ao real ou efetivo da mesma maneira que uma imagem em espelho se diferencia da imagem real de um objeto. Tudo que se armazena são, em última instância, bits. Logo, a virtualização é uma decorrência do processo de digitalização da informação (voz, dados e imagens).

Os produtos utilizados pelas corporações são, na realidade, softwares e hardwares capazes de oferecer soluções confiáveis para o armazenamento, a segurança, a confiabilidade e a recuperação de dados e informações.

O processo de digitalização consiste, em última instância, em transformar todas as informações em bits, ou seja, em unidades binárias de informação. Para o computador, só existem dois dígitos binários: o zero (0) e o um (1). As palavras ou bytes são combinações infinitas de zeros e uns (1001011001010...).

> **Quais são as previsões para o avanço no armazenamento de dados?**
>
> Nos próximos 10 anos, a capacidade típica de armazenamento de um PC deverá saltar dos atuais 100 gigabytes para 100 terabytes (o que significa 100 trilhões de bytes), não mais em discos rígidos, mas em pastilhas de silício de apenas uma polegada quadrada. Para quantidades muito maiores de informação — seja voz, dados, vídeo, milhões de imagens ou fotos digitais — poderemos armazenar tudo em *data centers* remotos, nos novos superarmazéns de dados (*datawarehouses*), ou mesmo nos novos provedores de serviços da internet (ISPS) de banda larga, acessando tudo isso a qualquer hora, de qualquer lugar.

Para o usuário comum parece algo misterioso que todo o funcionamento dos equipamentos e serviços de telecomunicações, tecnologia da informação ou de eletrônica de consumo se baseie nessa estranha linguagem binária de zeros e uns. No entanto, é exatamente isso que acontece com o conteúdo do celular, do computador, da internet, da fotografia digital, do DVD e, em breve, do rádio e da televisão. Por isso, dizemos, o mundo da comunicação e da informação se transformou num gigantesco aglomerado de bits.

Mais interessante ainda é o processo de "pacotização" que se desenvolve em escala mundial a partir da expansão avassaladora da internet. Os bits se agrupam em pacotes, com o protocolo IP, e se tornam uma segunda linguagem digital. É esse o processo que vivemos hoje.

O BRASIL NA ERA DAS REDES DA BANDA LARGA

As redes de banda larga chegaram para ficar. Infra-estrutura essencial para a inclusão digital e para a viabilização da internet móvel, as soluções de banda larga empolgam os defensores de diferentes soluções, como as redes Wi-Fi, Wi-MAX, terceira geração (3G) do celular e de fibras ópticas. O grande obstáculo ao desenvolvimento dessas redes ainda é regulatório, segundo a opinião dominante dos especialistas.

Entre os diversos projetos e iniciativas dessa área estão os novos serviços de acesso de alta velocidade à internet e as redes experimentais de televisão sobre protocolo IP (IPTV) operadas pelas maiores concessionárias de telefonia em espaços não bloqueados pela legislação. Até 2009, cerca de 90% dos assinantes da Telefonica no estado de São Paulo poderão dispor de acesso de alta velocidade, entre 2 e 8 megabits/segundo (MBPS).

Com a ampliação desses serviços, cresce o potencial da IPTV. A Telefonica tinha em 2007, na Espanha, mais de 450 mil assinantes que recebiam televisão via fibra óptica. No Brasil, as grandes operadoras ainda concluem a fase de testes.

Para transmitir imagens de boa qualidade de IPTV, a rede precisa ter uma velocidade mínima de 2 MBPS. No final do primeiro semestre de 2007, apenas 13% da rede de banda larga da Telefonica tinha velocidade superior a 1 MBPS. A evolução tecnológica da IPTV, no entanto, tem sido tão rápida que em breve as redes de maior velocidade poderão transmitir até imagens de TV de alta definição.

A Brasil Telecom lançou também o serviço de IPTV em Brasília. Inicialmente, a empresa oferece somente vídeos sob demanda, que o usuário escolhe e assiste quando quiser, mas tem todas as condições tecnológicas para oferecer uma grade de programação completa, desde que tenha sinal verde da Anatel. Ricardo Knoepfelmacher, presidente da operadora, diz que, diferentemente de outros países, o Brasil não permite que as concessionárias de telecomunicações entrem no segmento de TV por assinatura. Para ele, quem perde é o consumidor, privado de ter mais opções de acesso e um conteúdo diferenciado: "Temos a infra-estrutura pronta para oferecer o serviço de TV por assinatura por meio da banda larga onde as empresas de TV por assinatura tradicionais não conseguem chegar". A Oi também anunciou seu projeto de IPTV, que está começando no Rio de Janeiro, segundo o presidente da empresa, Luiz Eduardo Falco.

Diferentemente do que muitos pensam, a terceira geração do celular (3G) não é serviço elitista, para poucos usuários, de alto poder aquisitivo. Pelo contrário, a experiência mundial prova que a oferta de serviços de alta velocidade via celular 3G tende a se tornar popular em pouco tempo — afirma Marco Aurélio Rodrigues, presidente da Qualcomm do Brasil.

Os custos previstos e a diversidade de recursos oferecidos pela 3G, prevê o executivo, serão atrativos e inteiramente acessíveis às camadas de baixa renda, que poderão utilizar a nova geração não apenas como telefone móvel, mas também como computador pessoal, console de jogos, câmera e filmadora digital.

A 3G está começando a operar no Brasil em 2008 com uma velocidade de 3,6 Mbps, evoluindo gradualmente para 7,2 e 14,4 Mbps, com investimentos relativamente baixos.

Pedro Ripper, presidente da Cisco do Brasil, confirma a chegada até o final do ano da nova tecnologia denominada "Telepresence", uma forma de comunicação multimídia muito mais avançada que a videoconferência tradicional, que incorpora os recursos da TV de alta definição e maior largura de banda. Os interlocutores são postos em duas salas idênticas, com imagens de escala um para um, com uma mesa que os funde e aproxima visualmente, como numa reunião presencial.

9 | CASA DIGITAL

NOSSA CASA SERÁ PARECIDA
COM A DE BILL GATES

A casa digital não é a casa do futuro, mas do presente. Nela já utilizamos todos os recursos possíveis da eletrônica, da computação, das telecomunicações, da internet, dos sensores e das redes com fio e sem fio. O controle central de todas as funções essenciais é feito por um computador exclusivamente dedicado a isso, ou seja, um servidor. É esse servidor que controla praticamente tudo: temperatura, segurança das portas, reconhecimento de visitantes, iluminação, racionalização do consumo de energia, acesso à internet e outras funções.

Como serão as casas em 2015?

Serão abrigos ou cavernas high-tech, lugares mais seguros para se viver. É o que os futurologistas chamam de "efeito casulo" ou *cocoon effect*. Serão também nosso principal escritório ou oficina de trabalho, um lugar de entretenimento para toda a família, em que as tecnologias da comunicação e da informação proporcionarão todas as facilidades das redes híbridas, computação sem limites ou ubíqua. Terão redes de comunicações de alta velocidade e banda larga, bem como internet a 10 megabits/segundo ou mais. Usarão controles avançados de automação para energia, temperatura e sistemas de segurança, e terão telões de baixo custo de cristal líquido ou plasma.

PARA COMPREENDER O MUNDO DIGITAL

Visitei em 2004 um show-room da Microsoft, em Redmond, estado de Washington, onde havia uma réplica da casa de Bill Gates. Ali as máquinas entendem e obedecem à voz do dono. Você pode falar com as portas. As paredes têm ouvido. Tudo se comunica: telefone, televisor, computador, telões, câmeras digitais ou palmtops. Uma rede híbrida associa cabos e ondas de rádio, permitindo a comunicação interativa em qualquer ponto da residência. As lâmpadas, de diodos emissores de luz (*light emitting diodes*, ou LEDS) e comandadas por sensores, só permanecem acesas enquanto há pessoas no ambiente. Esculturas virtuais, holográficas, se unem a projeções de quadros célebres, formando uma espécie de galeria de arte multimídia. Nesta casa, a tecnologia do futuro já assegura comunicação, entretenimento, segurança, racionalização do consumo de energia, controle da temperatura, identificação do visitante e liberação de serviços aos moradores.

Num imenso bosque, entre Seattle e Redmond, às margens do lago Washington, está a casa futurista de Bill Gates, cuja importância e interesse decorrem muito mais das tendências que ela antecipa do que da fama de seu dono ou do preço do imóvel.

É claro que a casa de Bill Gates não está aberta à visitação pública. Muito menos a jornalistas. Mas descobri praticamente tudo que ela tem de high-tech depois de visitar uma réplica de seus ambientes futuristas, a Microsoft Home, a casa-laboratório, a poucos quilômetros dali, na sede da empresa.

Logo à entrada, um painel com os meios de identificação biométrica do visitante, que utilizaremos na próxima década: leitor de íris, monitor sensível ao toque dos dedos, decodificador de impressões digitais, e o mais sofisticado desses recursos: o sistema de reconhecimento de fisionomia. Um sistema de TV, embutido na parede, quase invisível, com câmera e microfones, possibilita o diálogo e a identificação do visitante.

Meu anfitrião nessa visita, Jonathan Cluts, diretor da divisão Microsoft Home, mostra a nova porta sem nenhuma fechadura ou trinco metálico aparente, controlada eletronicamente. Tudo na casa se conecta e tem seu comando central numa plataforma Windows, com rede híbrida, isto é, associando infra-estrutura de cabo com redes sem fio (wi-fi e Bluetooth).

CASA DIGITAL

Além da computação embutida, que controla as principais funções gerais — tais como comunicação, segurança e monitoramento de energia e temperatura —, há computadores espalhados por toda a casa, no quarto dos meninos, no escritório, na cozinha e na sala de lazer. Com destaque para os Tablet PCs, ou seja, notebooks com comunicação sem fio, iguais aos que nossos senadores acabam de ganhar. Em cada cômodo há câmeras e microfones, embora a privacidade possa ser sempre garantida por quem está no aposento. Para acionar ou controlar cada equipamento ou sistema, basta falar, dando-lhe a ordem. Por ser mais fácil de usar, o comando de voz é o sistema de controle mais adotado, embora não seja o único na casa da Microsoft.

A comunicação integra todos os meios da forma mais completa possível, interconectando telefone, computador, internet e televisão. Assim, a família pode atender a chamadas telefônicas — internas, externas ou celulares — em qualquer terminal, esteja onde estiver, no quarto, na sala, na cozinha, no banheiro, na sala de lazer ou no escritório. E cada morador pode fazer consultas a sistemas de controle interno, ou comunicar-se com o mundo em busca da informação de que precisa via internet de banda larga.

A sala de lazer é uma festa. Nas paredes, as maiores telas de cristal líquido e plasma. Tudo que está nos computadores pode ser acessado e projetado em qualquer dessas telas. Se o dono gosta de artes plásticas, ou quer enriquecer ainda mais o visual, pode transformar qualquer sala numa galeria virtual de esculturas e quadros favoritos. E, com a holografia, terá estátuas virtuais em cada canto da sala. Num grande servidor, especial para o entretenimento, estão armazenadas todas as músicas, filmes, shows, vídeos, fotos e programas de televisão da família, que podem igualmente ser acessados e exibidos qualquer dos telões e displays da casa.

Diante dos preços dos telões de cristal líquido ou plasma, a casa digital parece ser coisa só para milionários. Verdade? "Absolutamente, não", responde Craig Mundie, vice-presidente da Microsoft. "Os preços vão cair continuamente. E teremos novas soluções, tais como as tecnologias de cristal líquido sobre silício (*liquid crystal on silicon*, ou LCOS), e a de diodo orgânico emissor de luz (*organic light-emmiting diodes*, ou OLED)."

161

E, de fato, os preços dos monitores de grandes dimensões estão caindo num ritmo quase inacreditável. De 2005 a 2008, a queda foi superior a 60%.

Uma das preocupações dos criadores da casa do futuro na Microsoft é com o visual e o estilo de cada ambiente, de modo a fazer a transição suave entre o tradicional e o futurista. Assim, mesmo com telões nas paredes, a cara dessa casa do futuro não produz nenhum choque visual ou cultural por ser muito parecida com nossa casa de hoje. E uma preocupação curiosa é levar para dentro da casa altamente informatizada elementos da natureza, a fim de lhe dar um toque mais humano. Embora a maioria desses elementos seja virtual — como as imagens projetadas de campos, florestas e animais — tudo ganha mais vida com a sonorização.

A iluminação da casa é feita com lâmpadas de LEDS (*light emitting diodes*). Elas são mais econômicas que as lâmpadas eletrônicas, não aquecem praticamente nada e duram muito mais. Com sensores e interruptores especiais, elas consomem ainda menos energia porque variam automaticamente sua intensidade e só permanecem acesas com a presença de pessoas.

CONTROLANDO TUDO COM O CELULAR

Aquilo que era ficção nos desenhos animados dos Jetsons, a família do século XXI, começa a tornar-se realidade em São Paulo. Ainda no escritório, antes de retornar para casa, o executivo aciona a função "chegar" na tela de seu celular, e apenas com uma ligação transmite instruções codificadas ao painel de controle doméstico, podendo checar sistemas de segurança, câmeras de vídeo, persianas, iluminação, ar condicionado ou a banheira de sua residência. Se preferir, pode pedir ao sistema que prepare seu banho, na temperatura preferida, para que tudo esteja pronto exatamente no momento de sua chegada a casa.

Eis aí a idéia de utilização do celular: como um supercontrole remoto para comandar todas as funções da casa inteligente. E, para surpresa de muita gente, o Brasil é um dos países pioneiros nessa área graças à contribuição tecnológica da Ihouse, empresa fundada e dirigida por Leonardo Senna.

CASA DIGITAL

"Com suas múltiplas funções, o celular supera tudo que já foi inventado para controle da casa automatizada. As novas tecnologias digitais permitem que o telefone celular seja utilizado com sucesso nessa nova aplicação de supercontrole remoto da casa inteligente. E nisso estamos lançando uma inovação mundial", explica Senna.

Na realidade, o celular se transformou numa espécie de canivete suíço eletrônico: sempre acolhe novas funções e utilidades. Por isso, milhares de empresas em todo o mundo desenvolvem novas aplicações e conteúdos para seus usuários, incorporando coisas tão diversas quanto acesso à internet, câmera fotográfica ou de vídeo, música MP3, games, recepção de TV ou serviços de localização via satélite (GPS).

A Ihouse colhe hoje os frutos de muitos anos de investimento em pesquisa e desenvolvimento. Sua linha de produtos vai muito além dessa utilização do celular, abrangendo especialmente a área de automação predial e produtos e sistemas para a casa digital. Nos últimos meses, a empresa lançou os primeiros apartamentos desse padrão nos edifícios inteligentes mais avançados de São Paulo.

Senna diz que sua proposta é atender a clientes que buscam conforto numa casa à frente do seu tempo, associando os recursos do celular e da internet. A Ihouse projeta e instala todos os sistemas exigidos pelas casas digitais ou pelos edifícios inteligentes residenciais de alto luxo.

Nessas residências não há interruptores convencionais, mas painéis gráficos do tipo *touchscreen*, instalados na cabeceira da cama ou na parede, que permitem a comunicação com toda a casa via internet, via celular (tanto CDMA quanto GSM), via computador pessoal (PC) ou pocket PC, possibilitando aos moradores comandar portas, ar condicionado, iluminação, banheira, chuveiro ou sauna.

"Morar em um apartamento de alto padrão — diz Senna — é desfrutar de facilidades e mordomias que vão muito além da imaginação. E não estamos falando de protótipos, mas de tecnologias que já estão acessíveis aos moradores de diversos prédios recém-concluídos e inaugurados."

Equipamentos inteligentes podem ser utilizados individualmente ou integrados em um sistema central — o *smartcontrol* — nome comercial

163

registrado pela Ihouse. A grande tendência da casa digital, aliás, é usar um servidor doméstico para controle de todas as funções.

O Smartcontrol tem uma tela sensível ao toque, com informações claras e amigáveis, com gráficos e ícones, que permitem ao usuário simplificar diversas funções com um único comando. A função "acordar" permite com um único toque abrir a persiana, regular a temperatura ambiente, abrir as cortinas ou ligar o chuveiro.

A banheira desenvolvida pela Ihouse é comandada pelo controle *smartshower*, por meio do qual o usuário escolhe a mistura de água quente e fria, o fluxo da ducha, e se quiser pode até acompanhar o preparo do banho em tempo real. Se estiver distante do banheiro, assim que tudo esteja pronto, o usuário recebe um aviso, com um toque especial em seu celular.

A *home networking*, ou rede que conecta todos os equipamentos da casa digital, associa as tecnologias *ethernet* e *controller area network* (CAN). A ethernet é utilizada amplamente em escritórios, fábricas e residências para comunicação entre computadores, enquanto a CAN é usada em aeronaves e carros de última geração.

Um dos grandes desafios da casa digital até hoje era obter dos fornecedores assistência técnica rápida e manutenção adequada dos sistemas e equipamentos. Leonardo Senna diz que a Ihouse garante não apenas a pronta solução dos problemas e com uma vantagem adicional: na maioria dos casos o proprietário não precisa nem ligar para assistência técnica em caso de falha ou defeito. Como estão conectados via internet com a central da Ihouse, os equipamentos fazem um autodiagnóstico e enviam automaticamente um chamado para assistência técnica, o que reduz o tempo de reparo porque o técnico já se dirige para residência com a peça defeituosa para substituição.

LUZ DIGITAL DE LED

Imagine uma lâmpada de luz digital, fria, que dure quinze anos, funcionando dez horas por dia e consumindo apenas 10% da energia de uma lâmpada elétrica comum. Não é ficção. Essa lâmpada já existe e poderá em

CASA DIGITAL

breve substituir as lâmpadas tradicionais, incandescentes e fluorescentes. Entre outros fabricantes no mundo, ela está sendo produzida pela empresa Lighting Science Group Inc., de Fort Lauderdale, na Flórida, com a tecnologia dos diodos emissores de luz (LEDS), também chamada de luz digital otimizada.

A indústria já superou o desafio da produção em larga escala e dos processos de aprimoramento das lâmpadas de luz digital baseada na tecnologia de LEDS. As soluções de iluminação digital trazem vantagens significativas quando comparadas com outras tecnologias. Primeiro, porque as novas lâmpadas atingem seu nível pleno de operação instantaneamente, ao contrário da maioria das lâmpadas fluorescentes. Em segundo lugar, porque a indústria pode oferecer luminárias projetadas, produzidas para uma vida útil de 50 mil horas de uso, o que é substancialmente maior do que todas as tecnologias competidoras existentes.

As lâmpadas digitais não contêm gases prejudiciais ou tóxicos, que exigem cuidados especiais de reciclagem ou lançamento no meio ambiente. Uma das primeiras aplicações da luz digital está sendo feita na decoração de ambientes, onde tradicionalmente se utilizavam as lâmpadas halógenas, que consomem grande quantidade de energia. Os efeitos em vitrines, estandes e pavilhões de exposição são notáveis.

Com o mesmo nível de luminosidade das lâmpadas halógenas, as lâmpadas de luz fria não apenas atendem aos requisitos de iluminação de alto padrão, como economizam energia. Ron Lusk, presidente e CEO do Lighting Science Group, diz que essa é apenas uma dos milhares de aplicações da nova tecnologia de iluminação digital otimizada.

Estamos tão acostumados com as lâmpadas incandescentes que nos esquecemos que sua invenção consagrou Thomas Edison em 1879. Mais ainda: que a iluminação elétrica foi um dos marcos do desenvolvimento industrial no século XIX. Grandes corporações nasceram com o objetivo inicial de produzir lâmpadas, como é o caso da Philips holandesa. Empresas como a General Electric e a Siemens estão ligadas à história da iluminação elétrica. A criação de um filamento capaz de resistir por muito mais tempo às altas temperaturas, com base numa liga de ósmio e wolfrâmio (ou tungstênio), tornou famosa a Osram, hoje pertencente ao Grupo Siemens, que produz atualmente mais de 5 mil tipos de lâmpadas incandescentes, além de outras de tecnologia eletrônica.

As lâmpadas fluorescentes nasceram no século xx, embora tivessem sido idealizadas desde a metade do século anterior. Seu funcionamento é relativamente simples. No interior de um tubo, a eletricidade é usada para bombardear ou excitar eletricamente o vapor de mercúrio numa atmosfera de neônio ou argônio. Produz-se uma luz de onda curta, a luz ultra-violeta, que é lançada sobre o revestimento interno de fósforo da lâmpada, gerando então a luz visível, também chamada de fosforescente ou fluorescente.

Reconhecido hoje como inventor da lâmpada fluorescente, o engenheiro norte-americano Edmund Gemer e sua equipe de técnicos propuseram em 1926 o aumento de pressão nos tubos e recobriram a superfície interna das lâmpadas com o que chamavam de pó fluorescente. É essa camada de pó, à base de fósforo, que na realidade converte a luz ultra-violeta em luz visível ou luz branca.

Modernamente, as lâmpadas fluorescentes passaram a ser mais compactas, mais práticas, com soquete padronizado como o das lâmpadas incandescentes. São as lâmpadas fluorescentes compactas ou eletrônicas, muito mais econômicas, porque consumem apenas 20% das lâmpadas incandescentes convencionais.

E a tecnologia de LED, de um diodo emissor de luz? LED é um dispositivo semicondutor que emite luz visível quando é atravessado por uma corrente elétrica. O primeiro LED foi criado em 1962 por Nick Holonyak Jr., da Universidade de Illinois. Comumente, a luz emitida pelos LEDS não é particularmente brilhante. Duas grandes vantagens dos LEDS são a grande eficiência com que produzem luz, com o mínimo de aquecimento, e o baixo consumo de energia, que lhes permite operar com correntes de pequena intensidade de baterias.

A PRIVACIDADE JÁ MORREU. SERÁ VERDADE?

As pessoas utilizam a tecnologia no dia-a-dia sem qualquer cuidado. Além disso, a democracia sofre ameaças até em países como os Estados

Unidos, onde o combate ao terrorismo tem criado um clima de quase paranóia, que aumenta os riscos à privacidade e aos direitos fundamentais do ser humano.

O mundo tem assistido estarrecido a incontáveis exemplos chocantes desse retrocesso, entre os quais às centenas de prisões ilegais e de telefones grampeados sem autorização judicial nos Estados Unidos e nos aeroportos europeus. Sem falar na base norte-americana de Guantánamo ou nas torturas praticadas por soldados americanos no Iraque.

Jean Paul Jacob, cientista brasileiro que trabalhou por mais de trinta anos para a IBM, diz que uma das conseqüências da revolução digital, e em especial da expansão mundial da internet, foi o fim da privacidade. Concordo com a afirmativa, mas não me conformo com a inconsciência da maioria das pessoas diante do problema. Pior: esse não é um problema brasileiro, pois nem mesmo nos Estados Unidos ou Europa o cidadão comum tem lutado por seus direitos nessa área ou se preocupa muito com os riscos à sua privacidade.

A questão se agravou a partir dos ataques de 11 de setembro de 2001, razão por que as medidas de segurança passaram a infernizar a vida dos passageiros aéreos — 99,99% dos quais são bons cidadãos que jamais pensariam em ameaçar a segurança de aviões ou de aeroportos.

Um dos projetos mais recentes é a identificação automática de qualquer passageiro ao passar no setor de imigração, por meio de etiquetas inteligentes, dotadas de chip embutido no passaporte, cartão de embarque ou na própria bagagem. São os sistemas de identificação por radiofreqüência (RFID, do inglês *radiofrequency identification devices*), que serão operados em aeroportos pela Transport Security Authority, a empresa responsável pela segurança do transporte aéreo nos Estados Unidos.

A propósito, duas autoras norte-americanas, Katherine Albrecht e Liz McIntyre, publicaram o livro *Spychips: How Major Corporations Plan to Track your Every Move with RFID* [*Chips espiões: como as grandes corporações planejam rastrear cada movimento nosso com RFID*]. Um dos pontos mais criticados pelo livro é exatamente esse controvertido sistema de identificação em aeroportos, que rastreia e monitora as pessoas sem o conhecimento nem a permissão delas. "É algo parecido com o que acontecia na antiga União Soviética", acusam Albrecht e McIntyre.

E, na verdade, os chips embutidos nos passaportes e outras peças de passageiros não nos protegem. "Os passaportes com RFID pouca coisa farão por nossa segurança" — afirma Katherine Albrecht. "Pelo contrário, impondo-nos essas etiquetas eletrônicas em nossos documentos de viagem, o governo está pondo em risco nossas informações pessoais sem fazer quase nada para deter os criminosos."

A cada dia surgem chips mais avançados, combinando poder de processamento embutido dos *embbeded systems* com a alta capacidade de memória, à crescente velocidade de transmissão de dados. Um bom exemplo desse avanço é um novo chip da HP, menor do que uma semente de tomate, com 500 quilobytes de memória e capaz de se comunicar a 10 megabits por segundo.

Um simples anúncio de TV da IBM nos dá hoje idéia do que podem fazer os sistemas de RFID, mostrando com bom humor a chegada de um caminhão a um posto de fiscalização. Em poucos segundos a funcionária deixa o motorista estupefato, dizendo: "OK. Já sei tudo o que o senhor transporta e qual é o destino de cada item dessa carga". E descreve com precisão algumas das mercadorias transportadas, identificadas por etiquetas inteligentes.

Daqui a poucos meses, a nova tecnologia permitirá que um cliente de supermercado passe com seu carrinho de compras abarrotado pelo caixa, que identificará instantaneamente todos os produtos por meio de etiquetas inteligentes, e emitirá a nota de compra com o valor final.

10 | INCLUSÃO DIGITAL, PESQUISA E DESENVOLVIMENTO

RETRATO DA INCLUSÃO DIGITAL NO MUNDO

Responda, leitor: quais são os países com maior grau de desenvolvimento das tecnologias da informação e das comunicações no mundo? Quais são as nações que oferecem a seus cidadãos maior grau de acesso às tecnologias de informação e comunicação? Como estão as nações do mundo em matéria de inclusão digital?

Quem responde a essas questões com precisão é a União Internacional de Telecomunicações (UIT), com dados de 2003: o campeão mundial de inclusão digital é a Suécia, seguida pela Dinamarca, Islândia, Coréia do Sul, Noruega e Holanda. Até há pouco, era muito difícil saber como estava o mundo em matéria de acesso às novas tecnologias. Mas, graças ao trabalho da UIT, já se pode fazer um diagnóstico muito mais confiável da realidade mundial nesse campo, com dados confiáveis e critérios universalmente aceitos.

Os estudiosos contam hoje com estudos e um indicador baseado não apenas em dados da infra-estrutura tecnológica, mas também no poder aquisitivo, nos níveis de educação e nos preços relativos dos serviços de quase duas centenas de países.

O que é DAI?

O novo indicador é chamado de "índice de acesso digital" (DAI, sigla do inglês, *digital access index*) e resulta de um estudo de âmbito mundial realizado pela agência especializada das Nações Unidas.

O DAI mede de forma transparente a possibilidade de acesso dos cidadãos de cada país às tecnologias de infocomunicação, conhecidas internacionalmente pela sigla ICT (de *information and communications technologies*) que incluem, entre outras, as tecnologias de telecomunicações, computadores e serviços de internet O autor do estudo é Michael Minges, diretor de marketing, economia e finanças da UIT.

O novo indicador combina diversas variáveis, cobrindo cinco áreas, de modo a fornecer uma nota de avaliação para cada país. As áreas são: 1) disponibilidade de infra-estrutura, como, por exemplo, a existência de telefones fixos, celulares e computadores; 2) poder aquisitivo do usuário, em especial diante dos custos do acesso aos serviços; 3) nível educacional; 4) qualidade dos serviços de comunicação e informação; e 5) uso da internet.

Ao analisar as condições socioeconômicas e tecnológicas de cada país, o estudo e os levantamentos feitos para se chegar ao DAI servem também para mostrar os pontos fracos e fortes de cada sociedade quanto ao acesso digital.

O DAI é, na realidade, um número. Para a Suécia, ele é 0,85. Para o Brasil, 0,50. Para a China, 0,45. Para o Paquistão, 0,24. Para Angola, 0,11. E para o Níger, 0,04. O indicador revela algumas surpresas, como a posição da Eslovênia, que está em 10º lugar, no mesmo patamar que a França, Itália e Nova Zelândia, com o índice 0,72. A maior surpresa positiva foi a da Coréia do Sul, com 0,82, ao figurar em terceiro lugar, juntamente com a Islândia, na lista dos países com maior grau de utilização das tecnologias digitais, bem à frente dos Estados Unidos, país classificado em sexto lugar.

Brasil no 28º degrau

Diferentemente do que se tem divulgado, o Brasil está em 28º lugar, e não em 65º no ranking digital da UIT. Embora nessa lista classificatória estejam à frente do Brasil 64 países ou territórios, muitos deles estão empatados em diversos dos 27 degraus ou patamares que antecedem a posição brasileira, aliás, a mesma ocupada pela Rússia e pelo México.

A lista dos países classificados tem quatro níveis ou grupos: o superior, o alto, o médio e o baixo. No primeiro grupo estão as nações mais desenvolvidas, lideradas pela Suécia, Dinamarca e Coréia do Sul. No segundo grupo estão nações como Irlanda, Espanha, Grécia, Portugal, Argentina, Uruguai, Brasil, Rússia, México e Chile. No terceiro grupo alinham-se países emergentes ainda com menor inclusão digital, como Turquia, Venezuela, África do Sul, China, Líbia e Tunísia.

No quarto grupo, o dos países mais pobres quanto às tecnologias digitais, estão, entre outros, Síria, Zimbábue, Nicarágua, Uganda, Ruanda, Moçambique, Burundi, Etiópia e o mais pobre de todos, o Níger, na África, que só dispõe de um telefone para cada 223 pessoas.

Três causas

Os estudos que levaram ao indicador mostram que a simples disponibilidade de tecnologia ou de infra-estrutura não bastam para garantir melhor grau de inclusão digital. Na pesquisa, 40% dos peruanos ouvidos disseram que mesmo que ganhassem de presente um computador não teriam como pagar os custos mensais do acesso à internet. No Brasil, milhões de pessoas gostariam de ter telefone fixo, mas não poderiam pagar sequer a assinatura básica residencial de R$ 40 mensais.

"Até agora, pensávamos que as limitações de infra-estrutura fossem a grande barreira para a inclusão digital", diz o autor do estudo, Michael Minges. "Nossa pesquisa mostra, contudo, que o poder aquisitivo e a educação são talvez fatores ainda mais importantes. No caso da educação, o exemplo chinês é perfeito, pois naquele país metade dos usuários da web tem nível universitário."

O índice criado pela UIT é parte integrante do *Relatório sobre o Desenvolvimento das Telecomunicações Mundiais*, lançado na abertura da Reunião Mundial para a Sociedade da Informação, realizada em Genebra, de 10 a 12 de dezembro de 2003, com a presença de quase uma centena de chefes de Estados e mais de 200 especialistas.

O estudo inclui os maiores projetos de infocomunicação, tais como o "Cidade da Internet", de Dubai, nos Emirados Árabes Unidos, que são a nação árabe com maior grau de inclusão digital. Ou ainda o "Super Corredor Multimídia", da Malásia, que também tem o maior índice de desenvolvimento digital das nações em desenvolvimento da Ásia. Um caso também interessante é o da Ilha Maurício, no Oceano Índico, que desenvolve o projeto chamado "Ciber City".

Para Hamadoun I. Touré, secretário-geral da UIT, "o acesso universal é a questão essencial para a sociedade da informação. Cada um deve ter igual oportunidade de participar da era digital. E ninguém deve ser privado dos benefícios das novas tecnologias da informação e da comunicação, especialmente aqueles que enfrentam suas dificuldades".

Na mesma linha de pensamento, Ban Ki-moon, atual secretário-geral das Nações Unidas, afirma que "é fundamental que mudemos nossa atitude e procedimentos diante de pessoas portadoras de deficiências, assegurando-lhes todos os direitos e liberdades, inclusive o direito de participar plenamente da sociedade da informação, e fecundar idéias e esforços da comunidade de portadores de necessidades especiais".

O QUE A INCLUSÃO DIGITAL E A EDUCAÇÃO PODEM FAZER POR RUANDA

A maioria das pessoas associa Ruanda a um dos maiores genocídios da história, só superado pelo extermínio de 6 milhões de judeus pelos nazistas, antes e durante a Segunda Guerra Mundial. Hoje, há boas razões para acompanhar a experiência que esse pequeno país africano tem feito nos últimos anos, alfabetizando sua população, elevando os padrões de sua educação, informatizando e oferecendo acesso de banda larga à internet, TV educativa e cursos especializados para milhares de garotos de 11 a 15 anos.

"Nosso único caminho para o desenvolvimento é a educação, que Ruanda transformou em prioridade máxima por tempo indeterminado. Com esse projeto educacional, Ruanda quer alcançar o status de nação culta e economicamente avançada. Talvez em vinte anos. Começamos o trabalho em 2004. Centenas de alunos, contudo, já estão aprendendo a usar computador e softwares avançados de CAD-3D."

PhD em educação e visionário, o presidente de Ruanda, Paul Kagame, foi eleito com 95% dos votos em 2003. Logo após as eleições, ele viajou ao Massachusetts Institute of Technology para buscar orientação educacional e atrair empresas de alta tecnologia para investir em Ruanda. Segundo especialistas, ele tem todas as condições para mudar o futuro de Ruanda, por ser educador, com sólida base cultural, tanto sobre a África quanto mundial. Kagame conseguiu atrair para o país grandes empresas, que já implantaram a infra-estrutura de banda larga, de telefonia celular, de televisão e internet para atender à população do país, cuja idade média é de apenas 25 anos.

O projeto de Ruanda ainda está engatinhando e ninguém pode garantir que vai ter sucesso e durar mais de vinte anos, pois exigirá continuidade de outros presidentes. O que nos dá esperança, contudo, é que tem um bom começo.

Poucos apostariam na transformação radical pela educação de um país africano como Ruanda. Os leitores provavelmente se recordam que nesse país ocorreu em 1994 um genocídio que exterminou quase um milhão de pessoas. A grande notícia agora, no entanto, é um projeto educacional ambicioso capaz de transformar um dos países mais pobres do mundo numa nova Coréia ou Cingapura.

No início de 2008 pude conhecer e entrevistar o presidente de Ruanda e ouvi dele mais detalhes sobre seu projeto educacional: "Nosso maior desafio é a continuidade de um projeto que exige investimento contínuo na juventude para que ela possa transformar nosso país. Não temos saída para o mar. Nossas exportações futuras deverão ser software e projetos de tecnologia e design industrial. Já conseguimos a infra-estrutura e todas nossas escolas já estão informatizadas. Estamos treinando professores para acelerar ainda mais o desenvolvimento desse tipo de educação. Oferecemos estabilidade de regras, abertura total e respeito ao investidor e a todos que queiram participar de nosso esforço educacional. Ruanda é um país aberto a investimentos estrangeiros que realmente criem empregos, que elevem o nível de educação de seu povo e transformem sua economia. Não estamos pedindo ajuda humanitária ou esmola. Queremos fazer bons negócios para ambas as partes", explica.

Membro da etnia minoritária tutsi, Paul Kagami não apenas conseguiu pacificar o país, como o fez da forma mais democrática e avançada possível. De 1994 a 2000 ele foi ministro da Defesa. Em 2000 foi eleito presidente por meio de eleição indireta pelo Congresso. Em 2003 disputou eleições diretas e obteve 95% dos votos.

No começo de 2008, Ruanda já havia conseguido informatizar todas as suas escolas, dotando-as de PCS, de acesso à internet e de cursos de CAD, ou seja, de design assistido por computador. Tomara que esse projeto continue e transforme radicalmente esse pequeno país africano.

Pessoalmente, estou torcendo, do fundo do coração, para que o plano de Ruanda tenha sustentabilidade e dê os melhores resultados. Talvez, depois, o Brasil acredite no poder da educação.

PORTO DIGITAL É EXEMPLO DE INCLUSÃO NO BRASIL

Se você ainda pensa no Nordeste com as imagens tradicionais da fome e da seca, saiba que existe outro Nordeste, que conta com centros de excelência em algumas universidades públicas, como é o caso de Pernambuco e da Paraíba, programas de teleducação, como no Ceará, modernas vinícolas e plantações de frutas, como as do Vale do São Francisco, ou ainda projetos tecnológicos ambiciosos, como o Porto Digital do Recife.

Mas o que é esse Porto Digital? Trata-se de um projeto criado em 2001 e que se transformou no maior parque tecnológico do Brasil. Fruto de uma aliança entre o governo estadual e empresas privadas, universidades e órgãos de fomento, com o objetivo de promover o crescimento econômico da região, o Porto Digital emprega mais de 1.500 pessoas nas 68 empresas e entidades que ali atuam, entre as quais empresas de tecnologia, órgãos de fomento e de serviços especializados. O Porto é administrado por um

INCLUSÃO DIGITAL, PESQUISA E DESENVOLVIMENTO

núcleo de gestão que desenvolve soluções das tecnologias da informação e da comunicação.

Uma das provas do reconhecimento internacional da qualidade e da importância do Porto Digital é, entre outras, o apoio do Banco Interamericano de Desenvolvimento (BID). Aliás, uma missão desse banco esteve em Pernambuco para acompanhar de perto a aplicação dos recursos do financiamento de US$ 10 milhões concedido ao governo do estado para projetos de modernização tecnológica, cuja maior parte se destina ao Porto Digital.

Enrique Iglesias, presidente do BID, durante visita que fez ao parque tecnológico, manifestou seu apoio e admiração pelo Porto Digital, pois o projeto, além de visar às suas próprias metas, desenvolve e transfere tecnologia para outros projetos de Pernambuco, entre os quais o do vinho, gesso, moda e caprinocultura.

O Porto Digital tem a missão de promover a revitalização do bairro histórico que deu origem à cidade do Recife, junto ao velho porto. Em apenas três anos, promoveu e incentivou a reurbanização de toda a área do bairro, possibilitando inclusive a recuperação de antigos edifícios para instalação de empresas.

Além de enfrentar o desafio de viabilizar um pólo de alta tecnologia em Pernambuco, o Porto Digital busca ainda alcançar dois grandes objetivos: preservar o parque histórico e promover a inclusão social. Uma das populações mais beneficiadas nas vizinhanças são os habitantes de Pilar, cuja qualidade de vida, medida pelo índice de desenvolvimento humano das Nações Unidas, é das mais baixas da região metropolitana.

O desenvolvimento econômico e de negócios tem sido outro aspecto positivo do projeto. Somente em 2005 instalaram-se no Recife 28 empresas atraídas pelas oportunidades de negócios na região, visibilidade e integração em grandes projetos liderados pelo núcleo de gestão.

Um dos aspectos mais interessantes do Porto Digital é a origem acadêmica do projeto inicial. O parque emprega e se compõe majoritariamente de empresas surgidas de teses apresentadas nas universidades, como, por exemplo, as do Centro de Estudos e Sistemas Avançados do Recife (Cesar),

175

nascido originalmente no Centro de Informática da Universidade Federal de Pernambuco (UFPE), e que emprega atualmente 280 pessoas.

Entre as empresas que apoiaram o Porto Digital e transferiram sua sede para Recife estão a IBM, a canadense Waterloo Hydrogeologic, provedora de software para gestão de recursos hídricos, a brasiliense Conecta e a baiana Telematic. O Porto desenvolve projetos para a Motorola, Receita Federal, Ministério da Ciência e Tecnologia, entre outros. Graças ao estímulo e apoio daqueles organismos da UFPE, empresas como a Vanguard, Qualiti e a Neurotech — originadas de unidades de negócios do Cesar — hoje exportam seus serviços e consultoria para todo o Brasil e mesmo para países como Canadá e EUA.

Pier Carlo Sola, um experiente executivo italiano radicado há mais de vinte anos no Brasil, dirige o núcleo de gestão que administra o Porto Digital. Visando a contribuir com a experiência acumulada no Porto Digital, esse dirigente coordenou a elaboração de um estudo com sugestões para a nova política industrial do governo federal. O documento foi enviado ao presidente Lula, com sugestões de investimentos e estratégias para a exportação brasileira de software.

"O Porto Digital — diz Pier Carlos Sola — tem tido a ousadia de implantar empresas de alta tecnologia e fábricas de software que se tornam referências para a América Latina e, ao mesmo tempo, cuidar da recuperação arquitetônica do bairro. Na verdade, esse trabalho seria incompleto e não teria sentido se não fizéssemos algo mais significativo para as mais de mil pessoas residentes nas vizinhanças. Nesse sentido, o Porto Digital desenvolve programas para a inclusão social e digital, com casos exemplares de criação de empregos e incentivo à educação de jovens entre 14 e 17 anos em situação de risco."

NO MAIOR CELEIRO DE INVENÇÕES DO MUNDO

Dos Laboratórios Bell, da Alcatel-Lucent, saíram onze ganhadores do Prêmio Nobel de Física. Seu portfólio de conquistas é único no mundo,

INCLUSÃO DIGITAL, PESQUISA E DESENVOLVIMENTO

e inclui a criação do transistor, do laser, da telefonia celular digital, da radioastronomia e do sistema operacional Unix, entre tantas inovações que revolucionaram a tecnologia da informação e as telecomunicações ao longo do século xx.

O atual presidente desses laboratórios é Jeong Kim, que assumiu a presidência dos Laboratórios Bell em 2005. Risonho e comunicativo, esse coreano é uma figura completamente diferente de seus antecessores. Misto de empresário e cientista, ele vendeu, em 1998, por US$ 1,2 bilhão, sua indústria de equipamentos de ponta de comunicações (a Yurie Systems, Inc.) à Lucent Technologies. E, mesmo bilionário aos 37 anos, aceitou continuar trabalhando como diretor da Lucent.

Em 2001, num impulso, deixou a empresa para lecionar na Universidade de Maryland. No ano passado, recebeu e aceitou o convite da Lucent para assumir a Presidência dos Laboratórios Bell, maior instituição de pesquisa e desenvolvimento do mundo. Nos 80 anos de história da instituição, é a primeira vez que ela tem um presidente não-americano e, além disso, estranho ao seu quadro de pesquisadores.

Mas eles precisavam mudar. Para quê? "Para focalizar seu trabalho muito mais na inovação do que na pesquisa tradicional. Mesmo diante da excelência de suas pesquisas — explica Jeong Kim — os Bell Labs não estavam dando os resultados comerciais e industriais que deles se esperavam, na velocidade que o mundo precisa hoje. Insisto que precisamos de inovação, mais do que pesquisa básica e desenvolvimento de aplicações. E com a maior rapidez possível."

Quem visita os Bell Labs, em especial sua antiga sede em Murray Hills, em Nova Jersey, vê logo no saguão de entrada de seu prédio principal uma exposição dos grandes avanços da tecnologia eletrônica ali nascidos. Através da porta de vidro de um armário está uma montagem rudimentar, como uma pequena aranha, com fios ligados a um cristal de germânio. É o primeiro transístor, criado no Natal de 1947, por três ganhadores do Prêmio Nobel de Física: William Schockley, Walter Brattain e John Bardeen.

Mantidos pela Lucent e por diversas outras instituições, inclusive governamentais norte-americanas, as pesquisas dos Bell Labs têm levado em alguns casos a resultados surpreendentes e inesperados, como à descoberta da radioastronomia, em 1933, resultado do desenvolvimento de novas antenas de telecomunicações. De repente, os pesquisadores perceberam que suas antenas parabólicas também captavam sinais de microondas vindos do espaço cósmico.

Numa entrevista exclusiva que me concedeu em 2005, em sua primeira viagem ao Brasil, Jeong Kim fez um rápido balanço das inovações em que os Bell Labs trabalham e preparam para a humanidade. Algumas delas superam a ficção.

Uma delas é a "armadilha de íons" (*ion trap*). Você já imaginou, leitor, um minúsculo componente que captura íons ou partículas atômicas carregadas eletricamente? Jeong Kim aposta no futuro dessa armadilha, considerando-a uma das peças básicas para a construção do futuro computador quântico. "Embora essa supermáquina ainda seja quase um sonho — explica Kim — daqui a vinte anos, ou pouco mais, o mundo talvez venha a dispor de computadores quânticos capazes de processar dados e informações a uma velocidade 10 milhões de vezes maior que a dos computadores atuais."

No mundo dos sensores, uma inovação impressionante é o nariz eletrônico, formado por lâminas de materiais que identificam odores com uma sensibilidade centenas de vezes mais acurada que a do nariz humano.

Sob a liderança de Kim, os Bell Labs estão passando por uma das maiores transformações de sua história, não apenas na pauta de projetos, mas principalmente em sua estrutura interna e sua filosofia de trabalho. Kim lembra que, antes de definir a reforma da instituição, teve o cuidado de ouvir e aconselhar-se com alguns ex-presidentes, seus antecessores.

Cidadão do mundo e do século XXI, esse coreano fala sobre tudo. Lembra o comportamento dos filhos adolescentes, que lhe mostram como as novas gerações utilizam o celular e a internet, simplesmente para saber onde estão seus amigos, em papos ou chats sem fim.

O maior impacto das comunicações, em sua visão, virá nos próximos anos, através daquilo que ele chama de "redes naturais ubíquas", assim chamadas porque nos permitem a comunicação em todo lugar, a qualquer hora e da forma mais intuitiva. Como? "Na última década, o mundo

INCLUSÃO DIGITAL, PESQUISA E DESENVOLVIMENTO

assistiu à fusão das redes sem fio de banda larga baseadas no protocolo IP da internet com as redes de acesso celular e as redes fixas de fibras ópticas. Nos próximos dez anos, as redes naturais ubíquas terão grande impacto na mudança de comportamento e de hábitos de comunicação das pessoas, com o intercâmbio de conteúdos por intermédio de videoconferências, jogos móveis, download de música e muito mais."

Kim aposta na personalização de produtos e serviços, tendência que aliás já conhecemos, como no caso do rádio portátil, do walkman, do computador pessoal, do telefone celular, dos iPods e das redes de comunicação pessoal.

MEDIALAB REVELA NOSSO FUTURO DIGITAL

O MediaLab é um laboratório único, que estuda coisas tão ambiciosas quanto o futuro impacto das tecnologias da informação sobre a vida humana, máquinas curiosas que talvez façam parte de nosso cotidiano na próxima década, computação criativa e comunicações virais — ou seja, aquelas que se difundem como vírus, a serviço de cada cidadão, embutidas em seu mundo, na internet, no e-mail, no celular, na música MP3, nas redes sem fio de banda larga e em todos os tipos de convergência digital.

Este laboratório futurista foi criado em 1980 pelos professores Nicholas Negroponte e Jerome Wiesner como parte integrante do Instituto de Tecnologia de Massachusetts (MIT), em Cambridge, a poucos quilômetros de Boston e de outra instituição quase legendária, a Universidade de Harvard. Como seu próprio nome indica, é um laboratório para o estudo dos meios de comunicação. Como instituição de pesquisa, busca antecipar o futuro digital da humanidade, prevendo como será nossa vida na próxima década, o papel do entretenimento, a natureza mais profunda do processo de aprendizagem, o uso eficaz das ferramentas tecnológicas na sociedade da informação, na economia ou no governo eletrônico.

O MediaLab não está, a rigor, preocupado em criar novas tecnologias, nem em desenvolver novos produtos, mas em repensar seus usos, estudar seu impacto, propor correções, discutir segurança, aspectos culturais e todas as formas possíveis de inclusão social e cooperação internacional em favor da difusão do conhecimento. Mais do que o estudo de tecnologias, ele é um laboratório de idéias, comprometido em reavaliar criticamente a aprendizagem e a escola, bem como o uso de equipamentos e produtos de informática, comunicações, eletrônica de consumo e da convergência digital. Até a evolução das cidades e os desafios do carro do futuro são temas de discussão e têm projetos de estudo nesta instituição.

Seu programa de pesquisas vai dos temas mais sérios, diretamente ligados à educação, aos brinquedos de amanhã, ao lazer na era digital, à aprendizagem de línguas via internet, às redes cooperativas mundiais para democratização da informação, à inclusão digital em São Paulo, na África ou entre as camadas de pessoas mais pobres da América Latina ou Estados Unidos.

Outro foco de estudos é o das comunicações virais, aliás, um conceito novo nascido no MediaLab. Mas o que são comunicações virais? Segundo um de seus estudiosos e pioneiros, o professor Andrew Lippman, do MIT, são comunicações guiadas apenas pela vontade do cidadão, sem barreiras regulamentares ou concessões, que se espalham como vírus e se difundem pelo mundo como uma fantástica epidemia benigna nas mãos de cada usuário.

"As comunicações virais — diz Lippman — estão criando redes, construções ágeis, escalares, e sistemas colaborativos cujo crescimento não pode ser controlado. São formas de serviços e aplicações que utilizam o mínimo de potência e a máxima habilidade para intercomunicar com arquiteturas também virais, movimentando a inteligência do tronco para as folhas, o que inclui todos os tipos de mecanismos básicos sem fio — wireless ou via rádio — bem como aplicações embutidas até nos objetos triviais da vida diária, como roupas, coleiras de cães ou mobília."

O Japão tem exemplos bizarros de comunicações virais. Um deles talvez escandalize os humanistas tradicionais. É o das escolas que adotam sistemas de localização de pessoas a partir de chips embutidos na pele das crianças. Em alguns casos, os garotos levam, no boné ou na camisa, minúsculas antenas que permitem seu rastreamento via ondas de rádio. Chips espalhados pelas roupas das crianças enviam sinais a receptores que consultam registros nos portões das escolas onde os estudantes entram e saem.

O programa de comunicações virais dirigido pelos professores Andrew Lippman e David Reed é conduzido pelo MIT em cooperação com as Universidades de Harvard e Nova York, e estuda o potencial das tecnologias básicas de comunicação pessoal, o clima social que lhes confere grande capacidade de difusão, bem como a força econômica responsável por sua expansão e sucesso.

O fenômeno é essencialmente individual, já que as inovações virais não podem ser providas pelas grandes corporações de comunicações por três razões principais. Em primeiro lugar, porque o superdimensionamento da empresa limita sua agilidade. Em segundo, porque para essas corporações parece haver risco muito alto na busca de idéias básicas muito simples, mesmo diante de expectativas promissoras. Em terceiro, porque a arquitetura centralizada que prevalece nas redes e sistemas das megaempresas impede aplicações localizadas. Totalmente diferente é o que ocorre nas organizações menores, que podem construir novas arquiteturas, com ou sem fio, de modo a permitir fácil acesso, crescimento livre e inovação de baixo custo. Qual é a mágica? É que a tecnologia, a sociedade e a economia possibilitam hoje que tudo isso se torne realidade.

Para cuidar das comunicações virais, mapear e identificar o trabalho cultural envolvido, que inclui som, mídia impressa, arte postal, internet e outros vetores, foi criada a organização independente, sem fins lucrativos, chamada VirComm. A entidade produz e distribui arte musical e áudio, publica um boletim (*zine*) e se envolve em várias outras atividades de pesquisa.

MUNDO VIVE O BIG BANG DA INFORMAÇÃO DIGITAL

O mundo produziu 161 bilhões de gigabytes, ou 161 exabytes de informação ao longo de 2006. Esse número representa 3 milhões de vezes o conteúdo de todos os livros já escritos — que formariam 12 pilhas de 149 milhões de quilômetros de altura, que é a distância que separa a Terra do Sol. E para cada habitante do planeta, caberiam 24 gigabytes em 2006.

Essas são algumas das conclusões do estudo intitulado *O universo digital em expansão: uma previsão do crescimento mundial da informação até 2010*, elaborado pela empresa de consultoria IDC, por encomenda da EMC, empresa norte-americana de armazenamento digital.

> ### Quanta informação será produzida em 2010?
>
> Em 2010 serão produzidos 988 exabytes de informação, ou quase um zettabyte. Isto significará 75 pilhas de livros cobrindo a distância da Terra ao Sol. A fatia para cada habitante na Terra será de 150 gigabytes. Fonte: IDC/EMC[2] The Expanding Digital Universe.

Para Hermann Pais, diretor-geral da EMC no Brasil, esse "é provavelmente o primeiro levantamento mundial do volume de informação digital criada ao longo de um ano, feito com metodologia rigorosa, que nos mostra aspectos muito mais específicos do que os estudos anteriores".

Vivemos na realidade uma espécie de Big Bang da informação digital. Basta lembrar que em 1996 havia apenas 48 milhões de pessoas que utilizavam a internet rotineiramente no mundo. Em 2006 já eram 1,1 bilhão. Em 2010 haverá mais 500 milhões de usuários da web. E um dado surpreendente: mais de 60% usuários de internet no mundo já dispõem de banda larga.

Dividindo-se o total de 161 exabytes de informação produzida no ano passado entre os 6,578 bilhões de seres humanos — cada habitante do planeta teria direito no ano passado a cerca de 24 gigabytes de informação digital.

E, mais impressionante: esse volume anual vai sextuplicar nos próximos três anos, saltando dos atuais 161 exabytes para o total de 988 exabytes de informação a ser produzida ao longo de 2010 — equivalentes a 75 pilhas de livros que cobririam a distância entre Terra e o Sol. E a média por habitante passará dos atuais 24 para 150 gigabytes.

O texto contido neste livro equivale a algo como 1 megabyte. A partir daqui, podemos entender melhor os grandes números, numa seqüência de múltiplos:

- Mil megabytes equivalem a 1 gigabyte, ou mil livros como este.
- Mil gigabytes correspondem a 1 terabyte, ou 1 milhão de gigabytes.
- Mil terabytes perfazem 1 petabyte, ou 1 milhão de gigabytes.
- Mil petabytes valem o mesmo que 1 exabyte, ou 1 bilhão de gigabytes.
- Mil exabytes formam 1 zettabyte, que corresponde a 1 trilhão de gigabytes.

Conclusão: em 2010, a informação produzida no mundo — 988 exabytes ou 988 bilhões de gigagytes — equivalerá a 988 trilhões de livros como este, ou quase 1 zettabyte (mil exabytes), ou 1 quatrilhão de livros. Simples, não?

O mais surpreendente é que em 2010 caberá aos indivíduos ou pessoas físicas a criação de 70% da informação digital. Em contrapartida — e aí é que mora o perigo — caberá às organizações cuidar da segurança, da privacidade, da confiabilidade e da exatidão de pelo menos 85% do universo digital.

Uma das mais surpreendentes previsões do estudo diz que, em 2007, pela primeira vez, o montante de informação criada deverá ultrapassar a capacidade de armazenamento disponível no mundo. Ainda que nem toda informação criada precise ser armazenada — como, por exemplo, todos os sinais difundidos de TV digital, todas as páginas da internet e todas as chamadas telefônicas de voz — é bom lembrar que uma porcentagem crescente de outras informações terá que ser armazenada.

O estudo mostra também que as infra-estruturas atuais estão mal equipadas para atender ao crescimento do volume de informação e prover o grau de segurança e o nível de serviço exigidos, pois muitos serviços no mundo atual não admitem interrupção, ainda que por alguns segundos. Nesse aspecto, as organizações terão que empregar a cada dia técnicas mais sofisticadas de transporte, armazenamento e duplicação da informação adicionada diariamente.

O crescimento do tráfego de e-mails na internet tem sido incrível, pois o número médio de mensagens enviadas por usuário triplicou de 1998 a 2006, mesmo excluindo os indesejados spams.

Mas a grande massa de informações produzida nesse universo digital é constituída hoje pelas imagens capturadas por mais de 1 bilhão de dispositivos. São celulares, câmeras fotográficas, de vídeo, de segurança e equipamentos de imagens médicas em todo o mundo.

Imaginem que o número de imagens capturadas apenas com as câmeras fotográficas passou de 150 bilhões em todo o mundo no ano passado. E as fotos e imagens de vídeo capturadas por telefones celulares chegaram a quase 100 bilhões. A IDC estima que o mundo quebre a barreira dos 500 bilhões de imagens capturadas em 2010.

Eis aí uma pequena amostra do Big Bang digital que vivemos. Ou melhor, do Bit Bang de nosso tempo.

11 | VISÃO DO FUTURO

MÁQUINAS SUPERINTELIGENTES E HOMENS IMORTAIS

Ray Kurzweil é um dos raros futuristas que não fazem ficção científica, mas antecipam o que vai acontecer. Seus livros são lidos e debatidos por Bill Gates e cientistas do MIT ou da Universidade Carnegie Mellon. O autor pensa o futuro como poucos cientistas. Ele aposta que por volta de 2023 assistiremos à fusão do cérebro humano com os computadores. Entre 2030 e 2038, nanorrobôs circularão por nossas artérias, reparando órgãos, combatendo doenças e revertendo o processo de envelhecimento. Antes de 2040, os médicos poderão fazer cópias (backups) em computador de toda informação ou conhecimento armazenado em nosso cérebro. A vitória sobre as doenças nos tornará imortais.

Em seu livro mais recente, *The Singularity is Near* [*A singularidade está próxima*], Kurzweil prevê que o mundo daqui a quinze anos será muito diferente do atual. Nesse período, o homem poderá ter versões sucessivas de seu corpo. O primeiro poderá ser chamado "corpo humano versão 1.0". Suas partes e peças serão totalmente intercambiáveis graças à nanotecnologia. A medicina terá descoberto a cura para o câncer e para as doenças do coração, ou, no mínimo, poderá controlá-las em nível crônico, mas sem qualquer ameaça à vida. A ciência será capaz de deter o processo de envelhecimento e evitar a própria morte.

Ambientes de realidade virtual serão rotineiros em nossa vida como forma de comunicação cotidiana. Em lugar de simplesmente falar ao telefone celular, poderemos participar de um encontro virtual com nossos interlocutores e até passear com essas pessoas por praias, jardins, praças e ruas virtuais. Encontros de negócios e teleconferências entre várias pessoas serão realizados em lugares calmos, tranqüilos e inspiradores. Quando cruzarmos com um amigo ou conhecido numa rua, toda informação sobre essa pessoa será projetada em nossos óculos, como *pop-ups*, ou na periferia de nossa visão.

Não teremos de passar horas sentados diante de um desktop, pois os computadores estarão distribuídos e difusos no ambiente. Seus monitores serão substituídos por projeções sobre nossas retinas ou sobre uma tela virtual que flutua no ar.

Pessoas com mais de 50 ou 60 anos poderão fazer uma reforma geral e rejuvenescer. Os cientistas serão capazes de multiplicar nossas células e com elas formar tecidos ou mesmo órgãos inteiros, introduzindo-os em nosso corpo sem qualquer cirurgia invasiva. "A nova medicina será capaz de criar novas células do coração a partir de células da pele para depois introduzi-las em nosso sistema circulatório. Com o tempo, o próprio coração poderá ser totalmente substituído. E o resultado será um coração novo, rejuvenescido com seu próprio DNA", acredita Kurzweil.

A evolução das máquinas inteligentes será extraordinária. Assim, por volta de 2020, um computador de mil dólares terá um poder de processamento mil vezes superior ao do cérebro humano. Em 2035, diversas formas de inteligência não-biológica alcançarão os níveis sutis da inteligência humana. Por outras palavras, o computador se tornará cada dia mais inteligente. O cérebro humano, por sua vez, poderá trocar informações com computadores, bancos de dados e demais sistemas de tecnologia da informação. Em 2045, o poder dos computadores será um bilhão de vezes superior ao do cérebro humano.

Ray Kurzweil diz que seu método de antecipar o futuro nada tem de ficção científica. "O que faço é simplesmente olhar para trás e medir o progresso computacional obtido pela humanidade ao longo do último século e, a partir daí, projetar a mesma linha de progresso para o futuro próximo. Assim, concluo que atingiremos um ponto em que a inteligência humana simplesmente não poderá sequer acompanhar o progresso dos computadores."

Kurzweil prevê que a inteligência não-biológica terá acesso ao seu próprio projeto original e será capaz de evoluir, como numa atualização automática de software: "Por trás de tudo isso estará a supercomputação. Um pré-requisito para o desenvolvimento da inteligência não-biológica será a engenharia reversa aplicada à inteligência biológica e ao próprio cérebro humano. Esse procedimento fornecerá ao cientista uma espécie de caixa de ferramentas e de técnicas que poderão ser aplicadas nos computadores inteligentes".

O avanço tecnológico no século XXI não será de apenas cem anos, mas algo equivalente a 20 mil anos. Ou mil vezes o que conseguimos progredir no século XX.

DEZ TECNOLOGIAS QUE MUDAM NOSSA VIDA

"Quatro forças tecnológicas moldarão o século XXI: o computador, as redes de dados, a nanotecnologia e a biotecnologia" — diz James Canton, presidente do Institute for Global Futures e consultor da CNN. Acho bastante confiável a previsão de James Canton quanto às quatro forças tecnológicas, mas seria mais prudente dizer que elas moldarão apenas as primeiras décadas do novo século.

Volte ao começo do século XIX, leitor, e pense como teria sido difícil prever há cem anos os avanços que ocorreriam ao longo dos cem anos seguintes, tais como a válvula eletrônica (1906), o rádio (1920), a televisão (1926), o computador (1946), o transístor (1947), os satélites (1957), as fibras ópticas (1966), o celular (1981) e a internet (1990).

PARA COMPREENDER O MUNDO DIGITAL

> ## Um dia poderemos nos comunicar à velocidade da luz?
>
> As fibras ópticas elevam a capacidade de transmissão da informação a níveis jamais previstos. Teoricamente, por volta de 2015, com a utilização máxima possível das freqüências ópticas, uma única fibra óptica poderá permitir a transmissão de quantidades gigantescas de informação, algo da ordem de 400 a 600 terabits por segundo. Desse modo, tudo que estiver armazenado na Biblioteca do Congresso dos EUA, a maior biblioteca do mundo, poderá ser transmitido em apenas 2,1 segundos. O salto mais recente na evolução das fibras ópticas foi a tecnologia de multiplexação por divisão de comprimento de onda de alta densidade (*dense wavelenght division multiplex–DWDM*), que multiplicou por mil a velocidade de transmissão dos sistemas ópticos dos anos 1990, passando de gigabits a terabits por segundo.

O futuro exerce um fascínio sobre todos nós. Há tempos eu andava obcecado por antever o cenário tecnológico de 2015 ou pouco depois. Agora, acho que consegui. Para tanto, ouvi ao longo dos últimos quatro anos mais de cinqüenta cientistas e futurólogos de renome mundial, entre os quais Nicholas Negroponte, Alvin Toffler, Don Tapscott, Arthur C. Clarke e os brasileiros Jean-Paul Jacob, da IBM, e o professor João Antonio Zuffo, da USP.

Dessa garimpagem, adianto minhas conclusões sobre as dez tecnologias que deverão ter maior impacto sobre a vida humana nos próximos dez anos. Ei-las:

- *Microeletrônica* — A partir de 2010, deveremos ter chips com bilhões de transistores, capazes de realizar tarefas inteligentes de complexidade quase inimaginável. Dobrando o número de transistores a cada dezoito meses, como tem acontecido há mais quase quarenta anos, os circuitos integrados chegarão ao limite da miniaturização por volta de 2020.
- *Software* — O software continuará recheando de inteligência e capacidade de trabalho os chips, em especial os do tipo *embedded*

solutions, que trazem programas embutidos. Os softwares de compressão digital continuarão a revolução dos protocolos e formatos no mundo da infocomunicação.

- *Computador* — O computador pessoal que usaremos em 2015 será tão avançado em relação aos atuais que fará parecer ridículo nosso mais charmoso PC ou Macintosh de hoje. Duvida? Veja no museu o que era um PC AT (de *advanced technology*!), vedete de 1986.

- *Internet* — Em expansão contínua no mundo, a web passará dos atuais 1,2 bilhão de usuários para alcançar, em 2015, cerca de 45% dos 7,5 bilhões de habitantes do planeta, ou seja, mais de 3 bilhões de pessoas. Por alguns reais por mês, poderemos contar com a ajuda de "agentes virtuais inteligentes" 24 horas por dia, que farão pesquisas de âmbito mundial na internet, bem melhor que os atuais sites de busca (Google ou Yahoo).

- *Celular* — O celular de quarta geração (4G) deverá estar chegando por volta de 2015. Será um supercomputador de bolso, capaz de conectar-se em alta velocidade a qualquer outro telefone do planeta, via milhões de picocélulas, interligando todos os tipos de redes locais que formarão assim uma rede global contínua, sem costura. Se não quiser ser localizado em qualquer ponto da Terra, desligue seu celular mundial.

- *Redes híbridas* — Em 2015, as redes sem fio estarão em nossas casas, no escritório, na escola, na fábrica, nos aeroportos, nos supermercados. Elas se integrarão às redes de cabos metálicos e de fibras ópticas, formando as chamadas redes híbridas. Ben Verwaayen, presidente da British Telecom, prevê que em quinze anos a maior parcela da humanidade estará conectada por redes de comunicação híbridas, redundantes, livres de congestionamento. A TV digital interativa poderá ser recebida por meio de centenas de miniestações radiobase sem fio.

- *Fotônica* — A capacidade de transmissão de uma única fibra óptica na próxima década será tão elevada que permitirá o envio, em apenas um segundo, à velocidade de 400 terabits/segundo, de todas

PARA COMPREENDER O MUNDO DIGITAL

as informações publicadas pelos dez maiores jornais do mundo ao longo de sua história.

- *Armazenamento* — A capacidade de armazenamento do PC saltará dos atuais 120 gigabytes para 120 terabytes (ou seja, 120 trilhões de bytes), não mais em discos rígidos, mas em pastilhas de quatro centímetros quadrados. Mas, se preferir, você poderá deixar tudo guardado num *superdatacenter*, ou na internet, numa espécie de *outsourcing* da informação, e acessar seus registros quando quiser.

- *Convergência digital* — Em 2015, talvez você, leitor, esteja usando no seu dia-a-dia um produto símbolo da convergência digital que poderíamos chamar de *PluriCom,* fusão de computador, telefone celular, televisor, câmera digital, sistema de navegação GPS, tradutor automático poliglota e gravador multimídia com memória de 500 gigabytes.

- *Nanotecnologia* — O físico nipo-americano Michio Kaku, do City College of New York, prevê que em dez anos a nanotecnologia produzirá minúsculos robôs, invisíveis a olho nu, formados de apenas algumas moléculas capazes de destruir micróbios infecciosos, matar células tumorais uma a uma, patrulhar a corrente sanguínea, remover placas de colesterol de nossas artérias, retirar substâncias nocivas e tóxicas do ambiente, eliminar a fome do mundo pelo cultivo de alimentos baratos, e fazer reparos e consertos em nossas células e órgãos, revertendo o processo de envelhecimento.

14 MUDANÇAS DE PARADIGMAS, AO MESMO TEMPO

Profissionais e empresas estão diante de um cenário desafiador que se resume na pergunta: "Como trabalhar e investir num mundo em que as mudanças ocorrem com tanta velocidade e em número tão elevado como hoje?". E não se trata apenas de uma evolução tecnológica acelerada: são quebras de paradigmas que equivalem ao rompimento de uma barragem, tal a força que têm para alterar o curso da vida adiante.

Vale a pena refletir aqui sobre conceitos colhidos em entrevistas recentes com especialistas e líderes como Carly Fiorina (ex-CEO da HP), Nicholas Negroponte (do MIT), John Chambers (da Cisco), Bill Gates (da Microsoft), Alvin Toffler, Jean-Paul Jacob (da Universidade de Berkeley e da IBM) ou o professor João Antonio Zuffo (da USP).

Veja, leitor, a seguir, pelo menos catorze quebras de paradigmas ocorridas nas últimas três décadas nas tecnologias da informação e da comunicação. Vivemos um período em que o mundo muda de:

- Analógico para digital
- Físico para virtual
- Átomos para bits
- Serviços fixos para móveis
- Comunicação com fio para wireless
- Equipamentos de uso coletivo para personalizado
- Aparelhos dedicados a multifuncionais
- Comunicação em banda estreita para banda larga
- Baixa para alta velocidade de transmissão
- Estatais para privatizados
- Monopólio para competição
- Protocolos fechados para abertos
- Unidirecionais para interativos
- Comutação de circuitos para de pacotes.

Nenhum processo tem tido maior impacto no mundo moderno do que a digitalização das comunicações e da eletrônica em geral, conduzindo à convergência digital, ou seja, à fusão de serviços e produtos de telecomunicações, informática, multimídia e de entretenimento em geral. Tudo passa a ser digital: áudio, vídeo, telefone, computador, música gravada, rádio, cinema, e, por extensão, a casa, o escritório, o automóvel, os processos de produção.

O caso da fotografia é emblemático, pois passou de um processo inteiramente físico e fotoquímico, para inteiramente digital, móvel e virtual.

Com a digitalização, a câmera passou a ser embutida no celular, permitindo que as fotos possam ser armazenadas e transmitidas instantaneamente, via internet, para qualquer ponto do planeta. A fotografia evoluiu, portanto, de átomos para bits.

Este é o grande salto: no formato digital, toda informação — seja voz, dados, textos, gráficos, imagem ou vídeo — pode ser armazenada, processada, transmitida, codificada e decodificada quantas vezes quisermos. A digitalização pode salvar as grandes bibliotecas e seus milhões de documentos, perpetuando seu conteúdo sob a forma de bits e não de átomos.

A comunicação sem fio nos assegura mobilidade, liberdade, flexibilidade, vantagens que explicam o sucesso explosivo do telefone celular no mundo. Aliás, tudo que no passado estava interligado por fio tende a conectar-se hoje sem fio. As redes wireless (Bluetooth, Wi-Fi e Wi-MAX) interligam tudo e nos livram da gambiarra e do emaranhado de fios.

Do velho telefone de mesa que servia a muitos, passamos ao pequeno celular de bolso, pessoal, individual, que vai conosco a qualquer lugar e nos permite falar a qualquer hora. O *mainframe* cede lugar ao computador pessoal. O desktop vira laptop e palmtop. Quase todos os produtos se tornam portáteis e pessoais.

No futuro, todos trabalharam de suas casas?

A expectativa é que um terço da força de trabalho dos países industrializados será de teletrabalhadores em 2015, com a convergência digital total das tecnologias da informação e da comunicação com aplicações pessoais, em casa e no escritório. A tendência poderá trazer uma redução sensível do congestionamento de trânsito urbano e criar um boom no e-commerce. Além disso, trará novas exigências e novas habilidades para o mercado de trabalho.

No mercado profissional ou de entretenimento, os equipamentos multifuncionais superam os dedicados, juntando, por exemplo, impressora, fax, copiadora e scanner numa única peça. No celular, reúnem-se câmeras digitais, agendas eletrônicas, computadores de mão, sistemas de localização, sistemas de armazenamento de música MP3 ou WMA. Mesmo assim, há espaço para equipamentos exclusivos, ultra-sofisticados, como a câmera fotográfica profissional de 14 megapixels lançada recentemente pela Kodak.

Para ampliar o volume de informações transmitidas temos que aumentar a faixa de freqüência utilizada pela banda larga, ou comprimir os bits e aumentar a velocidades de transmissão.

Com a tecnologia digital surgem também novas opções de modelos de negócios, compartilhados, privatizados e muito mais competitivos. Ou mesmo, a *coopetition*, combinação de cooperação com competição.

Ao lado dos protocolos fechados, proprietários e exclusivos, crescem as perspectivas dos abertos. A interatividade tem sido a maior conquista das telecomunicações, desde o primeiro telégrafo ao revolucionário Messenger de nossos novos chats. Hoje, no entanto, mais do que interagir, é preciso estar ligado, on-line, o tempo todo.

Finalmente, com o domínio crescente da comutação de pacotes, ligar ou comutar circuitos vai se tornando coisa do passado, em especial com o protocolo IP, que revoluciona as comunicações e tende a se tornar paradigma mundial.

Como administrar tantas mudanças e tantos desafios? Ou, na linguagem pitoresca do dia-a-dia: como enfrentar catorze leões de uma vez?

DEZ TENDÊNCIAS DA CONVERGÊNCIA DIGITAL

Vale a pena entender o que vem por aí em matéria de produtos eletrônicos. Para antever essa evolução, nada melhor do que eventos como o Consumer Electronics Show (CES), em Las Vegas, realizado sempre no começo de janeiro. Durante seus painéis são debatidas as tendências da eletrônica de consumo nos próximos anos, com a participação de diversos especialistas da indústria e da mídia.

Como será o entretenimento?

Já em 2015, o entretenimento será marcado pelo triunfo da imagem e da interatividade. Uma das maiores novidades será o turismo virtual, como subproduto do home theater. A educação e o entretenimento tendem a fundir-se progressivamente, com superjogos eletrônicos de alta definição, em 3D e com som surround.

A partir das opiniões deles, resumo a seguir as tendências mais prováveis da convergência digital, bem como as possíveis maravilhas eletrônicas que logo estarão ao nosso alcance, leitor. Aqui vão as tendências para 2015, com a mesma ressalva feita por Stephen Manes, colunista da *Forbes* e da *PC World*: "Não nos cobrem nada daqui a uma década sobre algumas coisas tolas que dissermos aqui".

1. A primeira grande tendência é a popularização de equipamentos de entretenimento portátil, da chamada tecnologia pessoal, tão atraentes como os tocadores de MP3, computadores de mão (*handheld computers*), PDAS, câmeras gravadoras de DVD, celulares multifuncionais e laptops de alta performance e capacidade de comunicação em banda larga. Um exemplo dessa tendência é o iPod da Apple, um multifuncional revolucionário que grava e toca música MP3, armazena e exibe fotos digitais e já se acopla a uma dúzia de acessórios.

2. Outra tendência é a maturação da terceira geração (3G) do celular, que associa mobilidade, banda larga e conteúdos cada dia mais diversificados e sofisticados. Esse novo celular viabilizará o comércio eletrônico móvel (*m-commerce*), tornando realidade a interatividade em multimídia wireless. Na telefonia fixa teremos a vitória arrasadora da tecnologia da voz sobre protocolo IP (VOIP, na sigla em inglês).

3. Triunfo da imagem de alta definição, a começar pela TV a cabo, nos monitores de computadores, nos projetores de alta performance (e baixo custo), e telões de cristal líquido a preços mais acessíves.

VISÃO DO FUTURO

O home theater e o som surround estarão ao alcance da classe C. E para quem ainda tem dúvidas, vale lembrar que logo chegará ao mercado o DVD de alta definição, o Blu-ray disc. Num exemplo de convergência total, nossos telões domésticos de alta definição poderão mostrar tanto as cenas e imagens vindas do outro lado do mundo quanto do quarto vizinho, dos provedores de conteúdo *on-demand*, áudio de rádio digital de alcance mundial, hiperinformação on-line (jornais, revistas, TV aberta ou TV por assinatura), lojas virtuais e todas as formas de comércio virtual.

4. Milhões de cidadãos terão acesso à banda larga sem fio (Wi-Fi ou Wi-MAX) nos locais públicos de maior densidade populacional, como aeroportos, shopping centers, hotéis ou restaurantes, para conexão gratuita de nossos laptops e celulares. Com a expansão das redes sem fio Bluetooth, poderemos eliminar todos os fios de conexão existentes em nossas casas, dos mouses, teclados, impressoras, caixas acústicas, fones de ouvido, telefones fixos, de tudo. Já suspiro de alívio.

5. E a internet? Estará no auge, com acesso em banda larga a 10 megabits por segundo (Mb/s), em sua maioria sem fio, não apenas em escritórios e empresas, mas em aviões, residências de melhor padrão, universidades, hotéis, escolas de primeiro grau, lojas e shopping centers.

6. Servidores de mídia domésticos estarão presentes em pelo menos 60% dos domicílios de classe média nos Estados Unidos, integrando o televisor e o computador e gravando tudo digitalmente. A esses servidores e *media centers* estarão conectadas também jukeboxes capazes de armazenar até alguns terabytes de informação, guardando e tocando todo nosso acervo audiovisual doméstico.

7. Carros digitais oferecerão um festival de entretenimento e informação, com recepção de TV e rádio digital via satélite, navegadores GPS integrados ao celular, sistemas de informação de utilidade pública, internet de alta velocidade, e, creiam, um servidor de multimídia dentro do veículo para controlar tudo.

8. Os sensores pareciam coisas de ficção? Pois em 2015 utilizaremos esses dispositivos em profusão, em sistemas de identificação biométrica, em computadores vestíveis, ou seja, em roupas capazes de checar nossa saúde dia e noite, monitorar nossa malhação nas academias de ginástica ou nas esteiras domésticas. Com sensores poderemos abrir portas, dialogar com terminais, abrir o sinal verde dos semáforos, identificar pessoas, controlar a entrada de visitantes, proteger as residências e automatizar casas e escritórios.

9. A nanotecnologia decolará seguramente nos próximos dez anos, produzindo as primeiras máquinas e robôs do tamanho de algumas moléculas ou átomos. Alguns nanodispositivos poderão revolucionar a eletrônica, nos chips, memórias e componentes eletrônicos mais sofisticados.

10. Finalmente, a revolução do conteúdo será voltada predominantemente para o entretenimento, pois, na visão dos líderes, "tudo terá que ser um pouco mais divertido daqui para frente, seja trabalho, educação e, principalmente, os meios de comunicação".

No seu estilo mordaz e cético, Manes expressou apenas um desejo: "O que eu espero, mesmo, é que todos esses aparelhos, a começar pelos celulares, funcionem bem antes de 2015. Nada mais".

PARA ONDE VAMOS?

Bill Gates fez, em janeiro de 2008, sua última palestra no CES como presidente da Microsoft, despedindo-se do palco internacional mais importante em que falou por onze anos consecutivos, apontando as grandes tendências da eletrônica e lançando os produtos de sua empresa. Para ele, as três grandes alavancas da próxima década digital serão o software, a interatividade e a conectividade.

Num resumo das grandes tendências da eletrônica de entretenimento, o CES nos indica que:

VISÃO DO FUTURO

- A internet será a plataforma integradora de toda a comunicação nas próximas décadas e continuará oferecendo cada vez mais conteúdo.
- Os telões de alta definição, cada vez mais finos, maiores e mais baratos, estarão por toda a parte. São telões e monitores de TV de alto padrão por preços bem menores. E isso não é apenas sonho, porque os preços de monitores de cristal líquido ou de plasma tiveram redução de preços de até 60% de 2006 a 2008.
- O mundo sem fio (wireless e mobilidade) se impõe com velocidade impressionante.
- A interatividade dominará todos os serviços.
- A casa digital ganhará maior QI a cada dia. Melhor seria chamá-la de casa inteligente. Seu cérebro será o *home media center*, que controlará tudo: TV, computador, internet, home theater, comunicações, segurança, conforto, teleducação e entretenimento.
- O formato Blu-ray Disc se torna o DVD padrão de alta definição. Seus dois usos principais serão: principal fonte de conteúdo gravado nos home theaters, e como meio de armazenamento digital para áudio, vídeo e dados em sistemas audiovisuais e computadores. Mas poderão surgir novos sistemas de gravação de alta definição num horizonte de cinco a dez anos.
- As pessoas ganham maior interesse nos estúdios digitais domésticos.
- Cresce o interesse por jogos interativos, via celular ou via internet.
- Os robôs domésticos tendem a ganhar espaço e mercado até 2015. Muita gente não acreditava até há pouco tempo na popularização dessas máquinas. Para os incrédulos, a indústria mostrou em janeiro de 2008 mais de uma dúzia de modelos de robôs domésticos. Em especial os *single purpose*, se multiplicam no mercado norte-americano. Um dos mais comuns é hoje o aspirador de pó robotizado, que já está presente em meio milhão de lares dos Estados Unidos.
- Para um futuro mais distante, há previsões de popularização ampla das minibaterias de células de hidrogênio combustível, dos chips de

identificação por rádio-freqüência (RFID), dos scanners biométricos (que lêem a íris, identificam a voz, reconhecem fisionomias) e avanços da nanotecnologia.

- Na área de TV por assinatura, a Comcast, maior operadora desse segmento dos Estados Unidos, lançou um sistema de gravação do tipo *personal video recorder* (PVR), sem fio, que pode receber e gravar programas em qualquer lugar, a qualquer hora, via redes Wi-Max.

ENTRE O JORNAL DO FUTURO
E O FUTURO DO JORNAL

As novas gerações quase não lêem jornais. A tiragem mundial dos periódicos vem caindo continuamente há mais de vinte anos. É possível que, antes de 2030, a maioria dos jornais já tenha migrado para a internet. No futuro toda informação tende a ser eletrônica ou virtual. O período de transição, que já começamos a viver, deverá ser conturbado sob todos os aspectos.

Eis aí algumas das conclusões de um debate em que participei com um grupo de cinco jornalistas, profissionais experientes, especializados em comunicações e tecnologias digitais — durante o NAB Show, em Las Vegas. Motivados por uma excelente palestra de Alvin Toffler, resolvemos debater algumas de suas idéias sobre o jornal do futuro, mas livremente, sem qualquer pretensão científica. Na verdade, quebramos um tabu, o de que a mídia não discute seus problemas nem seu futuro.

Em nosso consenso, o jornal impresso ainda tem uma sobrevida de vinte ou trinta anos, não necessariamente como meio de comunicação de massa, mas como veículo destinado a públicos específicos, de segmento ou de nicho, voltado para análise, reflexão e debate de grandes temas. No meio do processo de transição, por volta de 2015, boa parcela dos jornais de grande público já deverá estar sendo impressa em papel eletrônico ou em vias de tornar-se totalmente virtual.

Por sua natureza industrial, o jornal impresso de hoje não pode competir em velocidade com a informação eletrônica e virtual, do rádio, da TV, das novas redes sem fio, e em especial da internet. Nem haveria sentido em repetir no dia seguinte tudo que o cidadão já ouviu no rádio, viu na TV e leu na internet. O espaço em que jornal continua imbatível é o da análise e da interpretação competente dos fatos, de suas causas e conseqüências.

Recordemos que, ao longo do século XX, o jornal sobreviveu ante a chegada de dois grandes concorrentes: o rádio e a televisão. O terceiro e maior desafio veio nos anos 1990, com a internet, que representa ao mesmo tempo uma forte ameaça e uma incrível oportunidade para os jornais.

É bom lembrar, no entanto, que o rádio não matou o jornal, a TV não matou o rádio, e com certeza a internet não irá matar o jornal, embora deva lhe impor reformulações profundas.

Que reformulações serão essas? Por volta de 2020, o jornal virtual do futuro deverá ter consolidado sete mudanças fundamentais:

1. Passar de produto físico a virtual.
2. Evoluir de conteúdo predominante noticioso para o de análises, reflexões e discussões de grandes temas de interesse geral.
3. Concentrar-se mais na defesa de valores éticos e sociais do que de posições político-ideológicas.
4. Elevar sempre os padrões de qualidade de todos os conteúdos e de credibilidade das informações.
5. Evoluir do modelo de negócio baseado na publicidade tradicional para um novo tipo de publicidade, mais próximo do estilo do Google.
6. Estimular a participação colaborativa do leitor, em particular de especialistas de alto nível, como na Wikipédia.
7. Estar disponível de forma ubíqua, em qualquer computador, laptop, celular, iPod e outros dispositivos portáteis.

Do ponto de vista tecnológico, todos os meios de comunicação — jornal, revista, rádio, TV, podcast, blog ou a internet — convergem.

Conseqüentemente, não há mais sentido tratá-los como se fossem setores ou segmentos autônomos, estanques ou separados.

A fusão de mídias é total, como resultado do processo de digitalização, que reduz tudo a bits: voz, sons, dados, textos, imagens e vídeo. E mais: todas as formas de comunicação já adotam o protocolo IP da internet.

Graças a essa convergência, mesmo num país emergente como o Brasil, fazemos hoje coisas que eram simplesmente impensáveis em 1990, como acessar a qualquer instante, de nosso desktop ou laptop, os maiores jornais ou revistas do Brasil e do mundo, emissoras de rádio ou de TV, bancos de dados, enciclopédias, sites de universidades ou do Vaticano.

E, com a mobilidade do celular e de outras redes sem fio, já começamos a dispor desse jornalismo eletrônico nascente, que nos traz informação, opiniões e entretenimento *anytime*, *anywhere*. Como negar a realidade e o impacto da convergência de mídias?

Quando leio a massa de bobagens e agressões gratuitas contidas na maioria dos comentários postados em blogs e sites de relacionamento, fico mais cético com relação aos resultados práticos da interatividade que os novos meios eletrônicos começam a proporcionar ao grande público.

Mesmo a contribuição dos "repórteres virtuais" ou *prosumers* (cidadãos produtores e consumidores ao mesmo tempo, no conceito de Alvin Toffler) não é das melhores. Assim, em muitos casos, a interatividade do jornal do futuro, pelo menos inicialmente, pode ser um retrocesso.

Por fim, uma advertência minha e de meus colegas do NAB Show: não temos nenhuma garantia de que todas essas coisas venham realmente a acontecer, pois, como dizia Arthur C. Clarke, com sua fina ironia, é muito difícil fazer previsões confiáveis. Especialmente sobre o futuro.

NÃO DEIXE QUE A TECNOLOGIA DOMINE SUA VIDA

De modo quase imperceptível, eu estava sendo dominado pela tecnologia. O computador, o celular e a internet passaram a devorar horas e horas de meu tempo. Eu estava perdendo quase metade de meu dia de trabalho navegando sem rumo, dispersivamente, na internet. E, pior, estava sacrificando as coisas realmente agradáveis da vida, como o convívio com a família, o lazer e o contato com a natureza.

Suponho que muitos leitores vivam ou já viveram essa mesma situação. A todos eu digo: não se deslumbrem diante da tecnologia, por mais fascinante que ela seja. A vida tem coisas muito melhores.

Ao fazer meu diagnóstico, concluí que me havia transformado num usuário obsessivo dessa parafernália tecnológica que nos cerca. Alguns amigos mais próximos me punham apelidos ridículos: webdependente, bitnômano, celularmaníaco, audiovidiota.

Reconheci o problema em toda sua extensão e busquei remédio em diversos locais. Quase tudo em vão. Na internet só encontrei sugestões bizarras, desabafos, protestos e gritos de insatisfação como: "Um dia sem internet. Um dia sem o Google ou sem o celular". Ou propostas de fuga para uma espécie de paraíso perdido: "Quero uma casa cercada de flores na Serra Gaúcha, sem TV, sem computador, sem messenger, sem Orkut, sem e-mails, sem telefone".

Depois de longas sessões com um grupo de amigos que viviam o mesmo drama — a que eu chamei de Neuróticos Digitais Anônimos — aprendi que não podia mais passar seis ou oito horas por dia na internet. Nem viver ansioso, consultando obsessivamente meu smartphone em busca de e-mails urgentes, em restaurantes, hotéis ou aeroportos, como tantos executivos e jornalistas que conheço.

Se o seu problema é o mesmo, leitor, reaja. Arme-se com mais tecnologia para defender-se de sua tirania. Seja mais frio diante dos avanços digitais e resista ao fascínio que eles exercem. Nunca perca o senso crítico diante deles. Um amigo, pragmático, me aconselhou: "Use a tecnologia a seu favor, para relaxar, para se divertir e para fugir da rotina".

Ao final, me curei sem precisar banir a internet nem as novas tecnologias, para sempre ou por apenas por um dia. Apenas aprendi a dosar sua utilização para o resto de minha vida. Esse é o segredo: trabalho e lazer na medida certa. Por isso, os acessórios mais importantes de meu desktop são hoje as novas caixas acústicas do sistema de multimídia. Com o melhor áudio estéreo, posso interromper meu trabalho por alguns minutos para ouvir música.

A cada hora de trabalho diante do computador, faço uma pausa de cinco minutos. Nesse intervalo, ouço, às vezes, a *Balada n° 1* de Chopin, com Arthur Rubinstein, numa gravação em Superaudio CD. Fecho os olhos e me sinto transportado para a Sala São Paulo, ou para a Concertgebow, de Amsterdã.

Com disciplina e planejamento, consegui mudar radicalmente meus hábitos de *workaholic* digital. E, creiam, hoje trabalho menos e produzo mais. Consigo estar à frente das necessidades. Cumpro rigorosamente os compromissos de lazer e sou mais flexível com as obrigações de trabalho.

Não navego mais a esmo na internet. Só consulto locais específicos e volto às tarefas anteriores. A não ser que seja pelo prazer de visitar uma Wikipédia ou sites muito especiais, como www.prs.com ou www.ted.com. Tudo sem neurose.

Diferentemente do que fazia no passado, não passo três ou quatro horas debruçado sobre o laptop durante longas viagens, escrevendo no avião. Minha prioridade agora é relaxar. Com meu fone de ouvido cancelador de ruídos (*noise cancelor*) conectado ao meu iPod, poderei ouvir pelo menos duas horas de Vivaldi, Bach, Beethoven, Brahms ou Chopin. Com o *noise-cancelor*, o ronco das turbinas se transformará num leve ruído de fundo, e eu poderei curtir o *Canon de Pachelbel,* e depois mergulhar em sete horas de sono.

Ao retornar de viagens como essa, terei que enfrentar a defasagem de fusos horários, o terrível *jet leg*. Nas primeiras noites de insônia, meu remédio será afundar-me numa poltrona, diante do home theater e rever um show de Andrea Bocelli, *Under the Desert Sky*, em Las Vegas, o primeiro com canções populares em inglês e espanhol.

O receituário que aprendi com os Neuróticos Digitais Anônimos reúne conselhos que funcionam, leitor. Pense neles. Interrompa seu trabalho para relaxar, para ouvir música, ou para três minutos de alongamento. Aprenda a respirar. Você se sentirá outro.

Desligue seu celular nos fins de semana e consulte a caixa postal apenas uma vez por dia no sábado e no domingo. Pratique algum esporte.

Tome mais sol e caminhe em praias desertas ao amanhecer. Brinque com seus filhos. Viaje nas férias sem laptop. Ouça muito mais música. Troque o uísque por suco de frutas. Nas horas vazias, leia mais. Estou curtindo um livro excelente: *Breve história de quase tudo,* de Bill Bryson. Nas últimas férias, li ou reli Jorge Amado, Lya Luft, Machado de Assis e Carl Sagan.

Em resumo, meu caro leitor, faça como eu: liberte-se da tecnologia!

GLOSSÁRIO

A

ADSL — Sigla de *asymmetric digital subscriber line*. Linha digital e assíncrona do assinante. Protocolo que permite a comunicação de dados em alta velocidade usando o par de fios de cobre do telefone fixo. A tecnologia de acesso é assimétrica porque a velocidade de recebimento é maior que a do envio de dados pelo usuário.

AMPS — Sigla de *advanced mobile telephone system*. Tecnologia analógica de telefonia celular.

Antena parabólica — Antena para comunicação via satélite, com forma côncava.

Aplicativo — Programa de computador desenvolvido para realizar uma tarefa determinada para o usuário ou, em alguns casos, para outro aplicativo. Alguns exemplos são o processador de texto, a planilha eletrônica e o navegador de internet.

ATM — Sigla de *asynchronous tranfer mode*. Tecnologia de transmissão que divide a informação em células de tamanho fixo, de 53 bytes. Permite a comunicação de dados, voz e imagem sobre a mesma rede, com qualidade de serviço e alta velocidade.

ATSC — Sigla de *advanced television system committee*. Sistema americano de TV digital.

Avatar – No projeto Second Life (Segunda Vida), na internet, é a representação do titular de um site, domínio ou usuário, sob a forma de uma figura humana ou de um animal. Na religião hinduísta, a descida de um anjo à Terra, sob a forma humana ou de um animal, representando um deus.

B

B-web — Ver *broadband web*.

Backbone — Espinha dorsal. Parte principal da rede, responsável por transportar a informação para segmentos menores, que atendem aos usuários.

Backup — Cópia ou redundância. Termo usado tanto para arquivos digitais quanto para infra-estrutura.

Banda estreita — Comunicação em baixa velocidade. Contrário de banda larga.

Banda larga — Comunicação em alta velocidade. Em inglês, *broadband*.

Biochip — Dispositivo capaz de reconhecer e se ligar a determinadas moléculas de DNA. É usado em atividades como o seqüenciamento de genes e o diagnóstico de doenças.

Biometria — Estudo da mensuração dos seres vivos. Permite verificar a identidade de uma pessoa por características como a impressão digital, a voz ou a íris.

Biossensor — Sensor que combina componentes eletrônicos ou ópticos com moléculas biológicas, como anticorpos e enzimas, com aplicações em setores como medicina, diagnóstico ambiental e indústria alimentícia.

Biotecnologia — Processo tecnológico que permite o uso de material biológico para fins industriais.

Bit — Abreviação de *binary digit*. Dígito binário. Representa 0 ou 1 no sistema numérico binário. É a menor unidade de informação que pode ser trabalhada pelo computador.

Blu-ray Disc — Disco de raio azul. Novo formato de DVD que usa laser azul-violeta e armazena quase seis vezes mais informação que os discos ópticos atuais.

Bluetooth — Sistema de comunicação sem fio para conectar eletrônicos de consumo e computadores. Recebeu este nome em homenagem ao rei viking Harald Blatand (ou *Bluetooth*, "dente azul"), que governou a Dinamarca entre os anos de 940 e 981.

Brainstorming — Literalmente, causar uma tempestade cerebral. Método para resolução de problemas que consiste em reunir um grupo de pessoas para gerar idéias novas sobre um tema específico.

Broadband — Ver banda larga.

Broadband web — Internet de alta velocidade.

Broadcasting — Envio de um mesmo sinal para vários receptores, como na TV aberta e no rádio. É usado como sinônimo de radiodifusão.

Bug — Falha em programas de computador.

Byte — Abreviação de *binary term*. Termo binário. Unidade formada por oito bits que equivale a um caractere para o computador.

C

Cable modem — Equipamento que, conectado ao computador, permite a transmissão de dados via cabo coaxial, usado em sistemas de TV por assinatura.

Cache — Memória que armazena informações temporárias. Pode ser local, no computador do usuário, ou remota, em um servidor corporativo ou de internet.

Call center — Central de atendimento, responsável pelo contato telefônico de empresas com seus clientes. Também chamado de contact center.

Carro digital — Automóvel equipado com sistemas eletrônicos que desempenham funções como redução de consumo de combustível, localização e navegação via rádio ou satélite e acesso rápido à internet. Também chamado de carro inteligente.

Carro inteligente — Ver carro digital.

GLOSSÁRIO

Cartão inteligente — Equipamento do tamanho de um cartão de crédito, equipado com memória eletrônica e, em alguns casos, um circuito integrado.

Casa inteligente — Casa automatizada, com a adoção das tecnologias da informação e da comunicação. Também chamada de *digital home* ou *smart house*. Os sistemas da casa inteligente são chamados de *home automation*.

CD-ROM — Sigla de *compact disc-read only memory*. Disco óptico usado para armazenar informações de computador.

CDMA — Sigla de *code division multiple access*. Sistema de telefonia celular digital, desenvolvido nos Estados Unidos, que permite a vários sinais codificados utilizarem uma mesma faixa ampla de freqüência, otimizando o aproveitamento do espectro.

CDMA 1X-RTT — Versão do CDMA que permite comunicação de dados em até 144 quilobits por segundo. 1X-RTT é a sigla de *single carrier (1X) radio transmission technology*.

CDMA EV-DO — Versão do CDMA que permite comunicação de dados em até 2,4 megabits por segundo. EV-DO é a sigla de *evolution-data only*.

Célula de combustível — Bateria com alta capacidade de geração de energia, que pode ser recarregada com a adição de um pequeno cartucho de combustível, como um isqueiro.

Chip — Ver circuito integrado ou microprocessador.

Cibercomunidade — Grupo de pessoas com interesses comuns que interagem por meio das tecnologias da informação e da comunicação.

Circuito integrado — Também conhecido pela sigla CI. Pastilha de semicondutor que reúne vários componentes eletrônicos miniaturizados.

Cliente-servidor — Arquitetura de rede de computadores com inteligência distribuída. O cliente é um computador que oferece uma série de recursos disponíveis localmente, enquanto outros são conseguidos via rede, do servidor, um computador de maior capacidade.

Cluster — Associação de processadores ou servidores em paralelo para que funcionem como um único sistema com alta capacidade de processamento, como nos supercomputadores.

CMOS — Sigla de *complementary metal-oxide semiconductor*. Tecnologia de semicondutor de baixo consumo e baixo aquecimento. Combina circuitos de polaridade negativa e de polaridade positiva.

Cognição — Capacidade ou processo mental pelo qual adquirimos conhecimento.

Comércio eletrônico — Atividade comercial exercida por meio das tecnologias de comunicação e informação, principalmente da internet. Em inglês, *e-commerce*.

Comércio eletrônico móvel — Uso do celular para compras e pagamentos. Em inglês, *mobile commerce* ou *m-commerce*.

207

PARA COMPREENDER O MUNDO DIGITAL

Computador biológico — Computador que usa material biológico, como moléculas de DNA e proteínas, em seus componentes.

Computador quântico — Equipamento que processa informação por meio de sobreposições de estados quânticos, realizando múltiplos cálculos ao mesmo tempo. Na mecânica quântica, uma partícula pode ter dois estados simultaneamente. Nas máquinas convencionais, a informação é dividida em bits, com valores de zero ou um. No computador quântico, a menor unidade de informação é o qubit, que pode valer zero, um, ou zero e um ao mesmo tempo.

Comutação de circuitos — Sistema de comunicação que estabelece um canal dedicado entre dois pontos, enquanto durar a transmissão.

Comutação de pacotes — Sistema de comunicação em que as mensagens são dividas em pacotes de informação, como acontece no protocolo de internet. Cada pacote é transmitido individualmente e pode percorrer rotas diferentes para chegar ao destino. Em inglês, *packet switching*.

Comutação óptica — Sistema óptico que permite o controle do destino de cada sinal individual de informação.

Convergência digital — Fusão das tecnologias da informação, telecomunicações e multimídia.

Correio eletrônico — Sistema que permite a um usuário de computador mandar uma mensagem a outro, de forma assíncrona.

CPA — Sigla de controle por programa armazenado. Central telefônica eletrônica controlada por software. Em inglês, *stored program control* (SPC).

CPU — Sigla de *central processing unit*. Ver unidade de processamento central.

CRM — Sigla de *customer relationship manager*. Gerenciamento de relacionamento com clientes. Sistema usado para conhecer melhor as necessidades e o comportamento dos clientes com o objetivo de aprimorar o relacionamento de uma empresa com eles.

Cursor — Símbolo gráfico especial, que pode ser um retângulo, que mostra na tela do computador onde o próximo caractere digitado irá aparecer. Em sistemas com interface gráfica, muitas vezes é representado por uma seta e que pode ser chamado de *pointer*.

D

DAI — Sigla de *digital access index*. Índice de acesso digital que mede a possibilidade de acesso dos cidadãos de cada país às tecnologias de comunicação e informática.

DBS — Sigla de *direct broadcast satellite*. Serviço digital de TV via satélite.

DDI — Sigla de discagem direta internacional. Sistema que permite fazer ligações internacionais sem o auxílio de uma telefonista.

Desktop — Forma abreviada de *desktop computer*. Computador que pode ser colocado confortavelmente em uma mesa de trabalho.

GLOSSÁRIO

Digital home — Ver casa inteligente.

Discman — Toca-discos portátil para CDS.

Disco rígido — Em inglês, *hard drive* (HD). Disco que armazena informações no computador ou outros equipamentos eletrônicos por meio de gravação magnética. Em Portugal, disco duro.

Distance learning — Aprendizagem à distância ou teleducação.

DLP — Sigla de *digital light processor* (DLP). Tecnologia para telas e projetores que usa um semicondutor óptico, o qual manipula digitalmente a luz.

DNA — Sigla de *desoxyribo-nucleic acid*. Ácido desoxirribonucléico (ADN). Molécula em forma de dupla hélice, presente no núcleo das células, que armazena as informações genéticas do indivíduo.

2G — Segunda geração da telefonia celular, com sistema digital, mas de banda estreita.

2,5G — Geração dois e meio da telefonia celular. Inclui tecnologias com comunicação de dados mais rápida que as de 2,5G, mas sem todas as características da terceira geração (3G).

Download — Descarregar, baixar ou copiar um arquivo da rede para o computador.

Drive — Equipamento usado pelo computador para ler e gravar um dispositivo de memória, como um disquete, CD ou DVD.

DSD — Sigla de *direct stream digital*. Método de conversão de sinais sonoros em código, usado no Super Audio CD.

DSL — Sigla de *digital subscriber line*. Tecnologia que permite comunicação de dados em alta velocidade usando o par de fios de cobre da linha telefônica.

DSP — 1. Sigla de *digital signal processor*. Processador digital de sinais. Trabalha com sinais digitais de origem analógica, como voz e vídeo, em atividades como compressão e cancelamento de eco. 2. Sigla de *digital sound processor*. Processador digital de som, que permite ao ouvinte alterar o ambiente de reprodução do som.

DTS — Sigla de *digital theater system*. Padrão de som digital em seis canais.

DVB — Sigla de *digital video broadcasting*. Sistema europeu de TV digital.

DVD — Sigla de *digital video disc* ou *digital versatile disc*. Disco óptico que pode armazenar de 4,7 gigabytes até 17 gigabytes de informação.

DVD Audio — Disco óptico cuja capacidade total é usada para gravar somente som.

DVD-ROM — Sigla de *digital video disc* ou *digital versatile disc-read only memory*. Disco óptico de alta capacidade usado para armazenar dados.

DWDM — Multiplexação por divisão de comprimento de onde de alta densidade (*dense wavelength division multiplex*). Tecnologia de compressão de sinais ópticos que permite a transmissão de até 800 terabits/segundo ou 1 petabit/segundo de informação. Ver também WDM.

E

E-commerce — Ver comércio eletrônico.

E-gov — Ver governo eletrônico.

E-government — Ver governo eletrônico.

E-mail — Ver correio eletrônico.

Edifício inteligente — Edifício automatizado, com a adoção das tecnologias da informação e da comunicação.

Educação à distância — Ver teleducação ou *distance learning*.

Embedded software — Software embutido. Controla outros equipamentos eletrônicos, que não computadores.

Embedded solution — Solução embutida de microeletrônica.

Empresa virtual — Ver ponto-com.

Energia fotovoltáica — Energia gerada a partir da luz do sol.

Energia geotérmica — Energia gerada a partir do calor da Terra.

Engenharia do caos — Disciplina que busca aplicar as técnicas de controle e sincronização do caos a sistemas de telecomunicações e informática.

Escritório inteligente — Escritório automatizado, com a adoção das tecnologias da informação e da comunicação. O mesmo que escritório digital ou escritório eletrônico.

Estação radiobase — Equipamento que transmite e recebe sinais de equipamentos sem fio, como celulares, conectando-os à rede de comunicação da operadora. Também conhecida pela sigla ERB. Em inglês, *radio base station* (RBS).

Ethernet — Tecnologia de rede local, que permite a computadores compartilharem recursos como impressoras e arquivos. O padrão original permite velocidade de 10 megabits por segundo.

Exabit — Abreviado como Eb. Aproximadamente, 1 quintilhão de bits.

Exabyte — Abreviado como EB. Aproximadamente, 1 quintilhão de bytes.

Exclusão digital — Barreiras, que podem ser econômicas, educacionais ou sociais, entre outras, ao acesso às tecnologias da informação e da comunicação.

F

Feedback — Retroalimentação. O retorno de informação sobre o resultado de um processo ou atividade.

Fibra óptica — Fibra de vidro ou plástico que transporta informações na forma de feixes de luz.

Flash memory — Memória não-volátil, que pode ser apagada em blocos. Comumente, é usada como um cartão que pode ser conectado ao computador.

Forecasting — Fazer previsões.

Fotônica — Conjunto de tecnologias de comunicação e processamento de informações que têm como base a luz.

G

Genoma — Conjunto de genes de um organismo.

Gigabit — Abreviado como GB. Aproximadamente, 1 bilhão de bits.

Gigabyte — Abreviado como GB. Aproximadamente, 1 bilhão de bytes.

Gigahertz — Abreviado como GHZ. Equivale a 1 bilhão de hertz.

Globetrotter — Pessoa que viaja constantemente para diversos países.

GMPCS — Sigla de *global mobile personal communications services*. Serviço de comunicação sem fio via satélite de órbita baixa ou de órbita média.

Googolbyte — Número de bytes equivalente a 10 elevado à centésima potência.

Governo eletrônico — Serviços e informações governamentais oferecidos via internet ou outro sistema eletrônico. Em inglês, *e-government* ou *e-gov*.

GPRS — Sigla de *general packet radio service*. Padrão que permite a comunicação de dados em até 115 quilobits por segundo em redes celulares com tecnologia GSM.

GPS — Sigla de *global positioning satellite system*. Sistema global que permite localizar pessoas ou objetos por meio de sinais de satélite, com informações sobre longitude, latitude e altitude. É formado por uma constelação de 24 satélites, situados a 17,8 mil quilômetros de altitude e que dão duas voltas diárias em torno da Terra.

GSM — Sigla de *global system for mobile communications*. Sistema global para comunicações móveis. Tecnologia européia de celular digital. Trata-se de uma variação do TDMA.

GUI — Ver interface gráfica do usuário.

H

Hacker — Originalmente, significava alguém que entendesse muito de programação e computadores. Com o tempo, passou a designar um delinqüente digital, que invade computadores.

Handheld — Computador portátil que pode ser segurado com uma mão e operado com a outra. O mesmo que palmtop.

Handset — Telefone celular.

HD — Ver disco rígido.

HDTV — Televisão de alta definição (*high definition TV*).

Hertz — Abreviado como HZ. Unidade usada para medir freqüência. Um hertz equivale a um ciclo por segundo. Serve para medir a velocidade do computador.

High definition — Alta definição. Formato de televisão que permite resolução de imagem até sete vezes maior que a convencional e som surround com qualidade de CD. Em inglês, também conhecida pela sigla HDTV.

High-tech — Contração de *high technology*. Alta tecnologia.

High-touch — Aquilo que toca profundamente o coração, em contraponto com *high-tech*.

Holismo — Conceito segundo o qual uma entidade é maior que a simples soma de suas partes

Holografia — Método para registrar imagens em três dimensões.

Home automation — Ver casa inteligente.

Home networking — Sistema de rede doméstica para ligar o computador e outros equipamentos entre si e à internet.

Home theater — Sistema de áudio e vídeo para reproduzir em casa a qualidade de som e imagem existente num cinema.

Hotspot — Lugar público com cobertura de Wi-Fi, tecnologia de rede local sem fio, usada para acessar a internet.

HTML — Sigla de *hyper text markup language*. Linguagem de marcação de hipertexto, usada para formatar páginas da internet.

Hyperlink — Recurso que permite relacionar o trecho de um documento a outro.

I

Ícone — Pequena imagem que representa um arquivo, programa ou outro objeto na tela do computador, que pode ser manipulado pelo usuário.

ICTS — Sigla de *information and communication technologies*. Tecnologias da informação e da comunicação. Em português, TCIS (preferivelmente a TICS).

IMT 2000 — Sigla de *international mobile telephone 2000*. Padronização da terceira geração da telefonia celular (3G), definida pela União Internacional de Telecomunicações (UIT).

Infocomunicação — Fusão das tecnologias da informação, telecomunicações e multimídia. O mesmo que convergência digital.

Infoeconomia — Economia digital. Caracterizada pela ruptura do vínculo histórico entre sistema financeiro e sistema industrial, o que tornou o ambiente econômico-financeiro intrinsecamente instável, como resultado da difusão das tecnologias da informação e da comunicação.

Infoera — Era da informação e do conhecimento, caracterizada pela disseminação da revolução da informática e das telecomunicações para as demais atividades socioeconômicas.

Infotainment — Combinação de informação e entretenimento.

Infovia — Rede de comunicação de altas capacidade e velocidade. Em inglês, *information highway* ou *infohighway*.

Inicialização — Período em que o computador carrega o sistema, antes de se tornar disponível ao uso. Em inglês, *boot*.

Interatividade — Capacidade de um equipamento ou pessoa se comunicar com outro equipamento, sem atraso na troca de mensagens.

Interface gráfica do usuário — Sistema que tira vantagem da capacidade gráfica do computador para torná-lo mais fácil de usar, com recursos como ícones, pointers, janelas, pastas e menus. Em inglês, *graphical user interface* (GUI).

Internet — Rede mundial de computadores.

Internet banking — Serviços bancários via internet.

Internet-2 — Rede de alta velocidade criada para aplicações científicas ou educacionais, interligando centros de pesquisa, laboratórios e universidades em todo o mundo.

Internet protocol — Protocolo de internet. Permite a computadores de plataformas tecnológicas diversas trocarem informações entre si. Ver IP.

Intranet — Rede de acesso restrito, comum em empresas, que utiliza as mesmas tecnologias da internet.

IP — Ver *internet protocol*.

IPTV — Transmissão de TV usando o protocolo de internet. Ver TVIP.

ISDB — Sigla de *integrated services digital broadcasting*. Sistema japonês de TV digital.

ISDN — Ver RDSI (Rede Digital de Serviços Integrados).

J

Java — Linguagem de programação, que permite criar programas que funcionam em diversos tipos de computadores e de eletrônicos domésticos ou de consumo.

K

Kbps — Sigla de quilobits por segundo. Unidade que mede velocidade de comunicação.

Killer application — Literalmente, "aplicação matadora". É a aplicação que leva o consumidor decidir comprar o sistema em que ela funciona. Como a planilha de texto, logo após o surgimento dos computadores pessoais. Também chamada de *killer app*.

L

LAN — Sigla de *local area network*. Rede local de comunicação.

Laserdisc — Disco óptico que armazena o sinal de vídeo em formato analógico. Foi substituído pelo DVD. Também conhecido por vídeo laser disc ou pela sigla LD.

Last mile — Ver última milha.

LBS — Sigla de *location based services*. Serviços de localização que combinam a tecnologia do GPS, via satélite, com os sinais da telefonia celular.

LCD — Ver tela de cristal líquido. Em inglês: *liquid crystal display*.

LCOS — Sigla de *liquid crystal on silicon*. Tecnologia de projeção que utiliza cristais líquidos sobre uma superfície refletora formada por placas de silício.

LED — Sigla de *light emitting diode*. Diodo emissor de luz. Dispositivo eletrônico que acende quando a eletricidade passa através dele.

Linha dedicada — Linha de comunicação que conecta dois pontos. Também chamada de LD.

Linotipo — Técnica de composição de textos para impressão, também chamada de "composição a quente". Cada tipo era fundido na hora em uma liga de chumbo e antimônio.

Logo — Linguagem de programação que tem como base a filosofia educacional construtivista, segundo a qual o conhecimento se desenvolve na mente dos estudantes por meio da interação com outras pessoas e com o mundo ao seu redor.

M

M-commerce — Ver comércio eletrônico móvel.

Mainframe — Computador de grande porte.

MAN — Sigla de *metropolitan area network*. Rede metropolitana de comunicação.

Mbps — Sigla de megabits por segundo. Unidade que mede velocidade de comunicação.

MD — Ver minidisco.

Medicina molecular — Combate de doenças no âmbito das dimensões moleculares, utilizando as técnicas da biologia molecular e da genética.

Megabit — Abreviado como Mb. Aproximadamente, 1 milhão de bits. Equivale a 220 bits.

Megabyte — Abreviado como MB. Aproximadamente, 1 milhão de bytes. Equivale a 220 bytes.

Megahertz — Abreviado como MHz. Corresponde a 1 milhão de hertz.

Memory stick — Pequeno cartão de memória que pode armazenar até 64 megabytes ou mais.

Microcélula de combustível — Ver célula de combustível.

Microcircuito — Ver circuito integrado.

Microeletrônica — Campo da eletrônica que compreende o projeto e a fabricação de circuitos integrados.

Micromáquina — Máquina microscópica, resultado da aplicação de nanotecnologia.

Mícron ou micrômetro — Um milionésimo de metro.

Microondas — Ondas eletromagnéticas de alta freqüência, usadas em sistemas de comunicação.

Microprocessador — Circuito integrado que contém uma unidade central de processamento (CPU, na sigla em inglês).

Minidisco — Disco em que os dados, normalmente música digital, são gravados e regravados por um sistema magnético-óptico. Também conhecido pela sigla MD.

MMDS — Sigla de *multichannel multipoint distribution system*. Tecnologia de comunicação sem fio, via microondas, empregada principalmente para TV por assinatura e comunicação de dados. Também conhecida por *wireless cable*.

Mobile business — Sistemas empresarias, como automação de força de vendas, baseados na comunicação sem fio.

Motor de busca — Sistema que procura informações na internet ou em um banco de dados. Em inglês, *search engine*.

Mouse — Pequeno equipamento que pode ser arrastado em uma superfície plana para controlar o cursor em uma tela de computador. Sua forma, com o cabo que o liga ao micro, lembra um ratinho.

MP3 — Abreviação de *MPEG-1 audio layer 3*. Padrão de compressão digital de som.

MP3 player — Equipamento que toca música no formato MP3. Também chamado de *jukebox digital*.

MPEG-2 — Sigla de *moving pictures experts group-phase 2*. Padrão de compressão de vídeo que permite sinais entrelaçados de vídeo (como os da TV) e som surround.

MPEG-4 — Sigla de *moving pictures experts group-phase 4*. Padrão de compressão de vídeo que permite sinais entrelaçados de vídeo (como os da TV) e som surround. Equivalente ao padrão aberto: H-264.

Multicom — Terminal múltiplo que associa e controla praticamente todas as formas de comunicação disponíveis, como internet de alta velocidade, televisão por assinatura, rádio, jornais, bancos de dados especializados, revistas virtuais e *video-on-demand* (VOD).

Multimídia — Uso de computadores, ou outros equipamentos eletrônicos, para apresentar texto, gráficos, vídeo, animação e som demaneira integrada.

Multitarefa — Capacidade de realizar várias tarefas simultaneamente.

N

Nanoescala — Ordens de grandeza minúsculas. O prefixo *nano* significa um milionésimo.

Nanofio — Fio de dimensões nanométricas. Pode ser usado como semicondutor, LED ou outro componente, dependendo de sua composição química.

Nanômetro — Um milionésimo de milímetro. Ou bilionésimo do metro.

Nanotecnologia — Desenvolvimento de tecnologias em escala nanométrica.

Nanotransistor — Transístor de dimensões nanométricas.

Nanotubo de carbono — Seqüência de átomos de carbono arranjados em forma cilíndrica, com apenas 1,2 de diâmetro. Pode ser usado na produção de componentes eletrônicos.

Nasdaq — Sigla de National Association of Securities Dealers Automated Quotations. Bolsa eletrônica dos Estados Unidos, com grande peso das ações de empresas de tecnologia.

NGN — Sigla de *new generation network*. O mesmo que rede de nova geração.

NMT 450 — Sigla de *nordic mobile telephone*. Sistema analógico de telefonia celular, que funcionava em 450 MHZ.

Notebook — Computador portátil. O mesmo que desktop.

NTSC — Sigla de *national television system committee*. Sistema analógico de TV em cores desenvolvido nos Estados Unidos.

O

Off-line — Desconectado de um computador ou rede de computadores.

PARA COMPREENDER O MUNDO DIGITAL

On-line — Ligado a um computador ou rede de computadores.

Optical switching — Ver comutação óptica.

Opto-eletrônico — Sistema que combina as tecnologias óptica e eletrônica.

Ortofônico — Sistema elétrico de gravação, desenvolvido pela Western Electric, em 1925, que usava microfones e amplificadores.

Outsourcing – Utilização de recursos humanos e tecnológicos externos à empresa ou ao país. Na prática, equivale a terceirização de meios – trabalho, logística ou infra-estrutura.

P

PABX — Abreviação de *private automatic branch exchange*. Central telefônica automática e privada. Em uma empresa, encaminha chamadas entre ramais internos e entre os ramais internos e as linhas externas sem a necessidade de auxílio de telefonistas.

Packet switching — Ver comutação de pacotes.

Packetized video — Vídeo em pacotes. Distribuição de sinais de vídeo usando uma tecnologia de redes de pacotes, como o protocolo de internet (IP).

PAL — Sigla de *phase alternating line*. Sistema analógico de TV em cores, desenvolvido na Europa. Na Europa, as variações mais comuns são o PAL-B e o PAL-G. No Brasil, adotou-se o PAL-M; na Argentina, o PAL-N; e, no Paraguai, o PAL-G.

Palmtop — O mesmo que *handheld*.

Pay-per-view — Sistema em que o consumidor paga para ver um programa de TV ou filme específico.

Pay TV — TV por assinatura.

PBX — Sigla de *private branch exchange*. Central telefônica privada, usada comumente em uma empresa ou escritório.

PC — Sigla de *personal computer*. Computador pessoal.

PCM — Sigla de *pulse code modulation*. Modulação por códigos de pulso. Tecnologia usada na gravação digital, que toma milhares de amostras por segundo da onda sonora, em forma de pulsos. As amostras são quantizadas, ou seja, recebem um código numérico que representa os parâmetros do som original. No sistema de som de alta-fidelidade, os pulsos quantizados são processados e reconvertidos em onda analógica.

PCMCIA — Sigla de Personal Computer Memory Card International Association. Conhecidos também por PC Card. Padrão para cartões usados em computadores portáteis, com funções como a de expandir a memória disponível, de adicionar comunicação ou de permitir o acesso a periféricos.

PDA — Sigla de *personal digital assistant*. Assistente digital pessoal. O mesmo que *handheld*.

PEM — Sigla de *proton-exchange membrane*. Membrana de intercâmbio de próton. Tipo de bateria de combustível que faz a combustão do hidrogênio utilizando o oxigênio do ar e produzindo eletricidade e água.

GLOSSÁRIO

Pervasive computing — Computação amplamente disseminada. Tendência de os mais variados objetos passarem a ter capacidade de processamento, o que tornaria desnecessária a existência de computadores.

Petabit — Abreviado como Pb. Aproximadamente, 1 quatrilhão debits.

Petabyte — Abreviado como PB. Aproximadamente, 1 quatrilhão de bytes.

Petaflop/s — Capacidade de calcular 1 quatrilhão de operações de pontos flutuantes por segundo.

Picocélula — Célula de menor cobertura em um sistema de telefonia móvel, usada principalmente em ambientes internos.

Picossegundo — Um trilionésimo de segundo.

Pixel — Contração de *picture element*. Uma tela é dividida em milhares (ou milhões) de pixels, que, em conjunto, formam a imagem.

PLC — Ver *powerline communications*. O mesmo que comunicações sobre linhas de energia elétrica.

PluriCom — Equipamento de bolso que reunirá as funções de computador, telefone celular, televisor, câmera digital, sistema de navegação GPS, tradutor automático poliglota e gravador multimídia.

Polímero — Substância natural ou sintética composta de macromoléculas, grandes moléculas formadas por unidades químicas menores, chamadas monômeros.

Os plásticos, em sua maioria, são polímeros.

Ponto-com — Companhia que opera na internet. Também chamada de empresa virtual.

Pop-ups – Na internet, é uma janela extra que se abre no navegador ao visitar uma página ou clicar em um link específico, geralmente usada para anúncio publicitário inserido numa página.

Portabilidade numérica — Possibilidade de mudar de operadora de telecomunicações mantendo o mesmo número de telefone.

Powerline communications — Sistema de comunicação que usa a infra-estrutura de energia. Também chamado PLC.

Q

4G — Quarta geração da telefonia celular, com mais capacidade que a terceira, integração com tecnologias de rede local e metropolitana sem fio e totalmente baseada na versão 6.0 do protocolo de internet (IP).

Quilobit — Abreviado como Kb. Equivale a 1.024 bits, ou 210 bits.

Quilobyte — Abreviado como KB. Equivale a 1.024 bytes, ou 210 bytes.

R

Radioastronomia — Estudo dos corpos celestes usando ondas de rádio.

Radiochamada — Serviço que conecta grupos de usuários por ligações diretas de rádio. Também chamado de *trunking*.

Radiofoto — Sistema que permitia a transmissão de fotos à distância. Uma grande máquina, com agulhas que se deslocavam horizontalmente, reproduzia os pontos claros e escuros da foto transmitida à distância. O mesmo que telefoto.

Radiolocalização — Serviço que identifica o posicionamento de objetos ou pessoas por sistemas de rádio, o que inclui o celular.

RAM — Sigla de *randomic access memory*. Memória de acesso aleatório. É a memória disponível para ser usada pelos programas do computador. Por ser volátil, perde seu conteúdo quando o computador é desligado.

RDSI — Sigla de rede rigital de serviços integrados. Sistema que acrescenta comunicação de dados com velocidade e outros serviços avançados à linha telefônica. Em inglês, *integrated services digital network* (ISDN).

Realidade virtual — Ambiente artificial, criado por computador, com o qual o usuário pode interagir como se fosse real.

Rede de nova geração — Rede de comunicação que emprega a tecnologia de comutação de pacotes, a mesma usada na internet, para transportar voz, dados e imagem. Em inglês, *new generation network* (NGN).

Rede híbrida — Rede de computadores que combina tecnologias com e sem fio.

Rede privada virtual IP — Tecnologia que permite usar uma rede pública com o protocolo de internet para acessar remotamente a rede de uma empresa, com o mesmo nível de segurança de quem está conectado localmente. Em inglês, *virtual private network over internet protocol* (VPN-IP).

RF — Sigla de radiofreqüência.

Roaming — Serviço que permite a uma pessoa acessar uma rede de comunicação fora da área em que contratou originalmente o serviço.

Rodovia inteligente — Rodovia equipada com sistemas eletrônicos como controle de fluxo de tráfego, pedágio ou fiscalização.

Roupa inteligente — Vestuário com capacidade de processamento, armazenamento de dados e comunicação.

Roteador — Equipamento que determina, numa rede de pacotes, para onde cada pacote de informação será enviado até chegar ao destino.

S

SAC — Sigla de serviço de atendimento ao cliente. O mesmo que call center.

SACD — Ver Superaudio CD.

Satélite de órbita baixa — Satélite cuja órbita está situada entre 600 e 1,6 mil quilômetros, e que completa a volta ao redor da Terra em poucas horas. Em inglês, *low-earth orbit satellite* (LEO).

Satélite de órbita média — Satélite com órbita maior que 1,6 mil quilômetros e menor que 36 mil quilômetros. Em inglês, *middle earth orbit satellite* (MEO).

Satélite geoestacionário — Satélite cuja velocidade acompanha a da rotação da Terra, permanecendo sempre sobre o mesmo ponto sobre o Equador, a 36 mil quilômetros de altitude. Em inglês, *geosynchronous satellite* (GEO).

Satélite passivo — Satélite que apenas reflete sinais de radiocomunicação, sem amplificá-los.

Satélite virtual — Grupo de satélites que funciona como um único.

SDTV — Ver *standard definition* TV. Padrão básico de definição de TV.

Secam — Sigla de *système electronique couleur avec mémoire*. Sistema analógico de TV em cores adotado em países como a França e a Rússia.

Servidor — Computador que oferece recursos a outros computadores em uma rede, como conteúdo, software, capacidade de processamento ou armazenamento.

Set-top box — Sintonizador para sinais digitais de TV, equipamento que converte sinais digitais em analógicos para serem mostrados na televisão. Também chamado de conversor.

Sistema operacional — Programa responsável por controlar os recursos do computador, como memória, processamento e acesso a periféricos. Serve de base para outros programas.

Site — Conjunto de páginas e outros conteúdos reunidos na internet sob um endereço. Também chamado de website.

Slot — Encaixe no computador para se conectar placas de expansão.

SMS — Sigla de *short message service*. Sistema que permite a troca de mensagens curtas de texto via celular.

Speech recognition — Reconhecimento da fala. Tecnologia que permite às máquinas entenderem comandos de voz ou converterem a fala em escrita. Também chamado *voice recognition*.

Speech synthesizer — Síntese da fala. Tecnologia que permite às máquinas emularem a fala humana. Também chamada *voice synthesizer*.

SPP — Sigla de *silicon packed processor*. Processador programável de silício que decide como os pacotes de informação são encaminhados por uma rede.

Standard definition — Definição convencional de televisão. Sistema digital que tem a mesma resolução do analógico. Em inglês, também conhecida pela sigla SDTV.

Streaming media — Conteúdo de som ou vídeo transmitido em tempo real. O usuário o assiste ou ouve ao mesmo tempo em que o recebe via rede.

Superaudio CD — Formato com densidade de informação seis vezes maior que o CD convencional. Também conhecido pela sigla SACD.

Surround sound — Sistema multicanal que usa três ou mais fontes de som.

T

Tablet PC — Computador portátil que permite ao usuário escrever sobre a tela, com uma caneta especial, no lugar de digitar as informações.

TCP/IP — Sigla de *transmission control protocol/internet protocol*. Protocolo de controle e transporte da internet. Também chamado de *internet protocol* (IP).

Tecido eletrônico — Tecido com capacidade de processamento, comunicação, armazenamento de dados e de energia, usado para a criação de computadores vestíveis. Em inglês, *e-textile*.

Tela de cristal líquido — Equipamento em que pulsos elétricos ativam pequenas células de cristal líquido, entre duas placas de vidro, para formar a imagem. Em inglês, *liquid crystal display* (LCD).

Tela de plasma — Equipamento com pequenas estruturas com gases como néon, xenônio e hélio entre duas placas de vidro, que funcionam como lâmpadas fluorescentes. Milhões dessas estruturas, nas cores verde, azul e vermelha, formam a imagem.

Telecentro — Centro de acesso público à internet.

Telecolaboração — Sistema que permite a pessoas que estão em lugares diferentes trabalharem em conjunto, conectadas pelas tecnologias da informação e da comunicação.

Telecomando — Comando à distância.

Teleconferência — Sistema que permite que mais de duas pessoas participem da mesma chamada telefônica. Em inglês, *conference call*.

Teleducação — Educação à distância, usando as tecnologias da informação e da comunicação.

Telégrafo — Antigo sistema elétrico de comunicação à distância, normalmente usando o código Morse.

Telemática — Fusão entre telecomunicações e informática. Em francês, *télématique*.

Télématique — Ver telemática.

Telemedicina — Atendimento médico, para diagnóstico ou tratamento à distância, usando as tecnologias da informação e da comunicação.

Telemetria — Transmissão à distância de informações sobre um sistema, registradas por instrumento de medição.

Telenavegação — Tecnologia que permite o controle à distância da rota percorrida por um veículo.

Telepresença virtual — Sistema que permite interagir com pessoas, lugares ou coisas remotamente, como se estivesse presente, sendo representado por uma imagem tridimensional.

Teletrabalhador — Empregado de uma empresa, que recebe salários regularmente, mas trabalha pelo menos um dia por semana em casa e os demais no escritório dessa empresa. Em inglês, *telecommuter*.

Teletrabalho — Trabalho à distância, usando as tecnologias da informação e da comunicação.

Telex — Serviço telegráfico que permitia a comunicação bilateral por meio de teleimpressoras, que transmitiam e recebiam mensagens de texto.

Template – Forma, estrutura visual, modelo, molde ou estrutura padrão

GLOSSÁRIO

de uma página da internet ou de apresentação de slides, como no Power Point.

Tempo real — Algo que ocorre imediatamente. Em computação, pode ser um sistema que responda imediatamente a comandos e informações. Ou eventos simulados por computador que aconteçam à mesma velocidade que na vida real.

Terabit — Abreviado como Tb. Aproximadamente, 1 trilhão de bits. Corresponde a 240 bits.

Terabyte — Abreviado como TB. Aproximadamente, 1 trilhão de bytes. Corresponde a 240 bytes.

Teraescala — Ordens de grandeza gigantescas. O prefixo tera significa 1 trilhão.

Teraflop/s — Capacidade de calcular 1 trilhão de operações de pontos flutuantes por segundo.

Terahertz — Abreviado como THz. Equivale a 1 trilhão de hertz.

Tips — Sigla de trilhões de instruções por segundo. Unidade para medir a velocidade de computadores.

Transgênico — Organismo com características genéticas modificadas em laboratório.

3G — Terceira geração da telefonia celular. Combina voz, vídeo e transmissão de dados em alta velocidade.

Triodo — Válvula a vácuo de três pólos, que permitiu o surgimento das comunicações sem fio, do rádio, da televisão, do som de alta fidelidade e dos primeiros computadores.

Trunking — Ver radiochamada.

Turismo virtual — Sistema que usa os recursos da realidade virtual para que as pessoas conheçam locais sem visitá-los pessoalmente.

TV interativa — Conjunto de tecnologias que possibilitam à televisão responder a comandos do espectador em aplicações como vídeo sob demanda, comércio eletrônico e jogos. Também conhecida por *interactive television* (iTV).

TVIP — Transmissão de TV usando o protocolo de internet (IP).

U

UD-WDM — Sigla de *ultra-dense wavelength division multiplexing*. Evolução da tecnologia WDM, para comunicação por fibras ópticas, que permite velocidade de 400 gigabits por segundo.

Última milha — Conexão entre a rede principal da empresa de telecomunicações e a casa do cliente. A expressão não deve ser tomada literalmente, pois se refere a um segmento de rede que pode ter mais ou menos que uma milha. Em inglês, *last mile*.

1G — Primeira geração da telefonia celular, com sistema analógico.
Unidade central de processamento — Conjunto de circuitos lógicos que interpreta e executa as instruções em um computador.

Upgrade — Atualização de software ou equipamento.

Upload — Enviar um arquivo do computador para a rede.

URA — Sigla de unidade de resposta audível. Sistema de computador que se comunica com o usuário por meio de voz gravada ou digitalizada. Em inglês, *interactive voice response* (IVR).

User friendly — Que oferece facilidade de uso.

V

V-web — Ver *voice web*.

VHS — Sigla de *video home system*. Padrão de videocassete.

Video-on-demand — Vídeo sob demanda, que o consumidor escolhe e vê no momento em que quiser. Também conhecido pela sigla VOD.

Video over IP — Ver *packetized video*.

Videoconferência — Sistema que permite duas ou mais pessoas se comunicarem à distância, usando voz e imagem.

Videofone — Ver videotelefone.

Videotape — Fita magnética para gravação de vídeo.

Videotelefone — Serviço que permite a duas pessoas se comunicarem com som e imagem.

Videotexto — Sistema que permitia o acesso a serviços interativos combinando a televisão e o telefone. Um precursor da internet.

Vírus — Programa de computador que tem como objetivo de contaminar o maior número possível de arquivos.

VOD — Ver *video-on-demmand*.

Voice internet — Ver *voice web*.

Voice mail — Caixa postal telefônica.

Voice over IP — Ver voz sobre protocolo de internet.

Voice recognition — Ver *speech recognition*.

Voice synthesizer — Ver *speech synthesizer*.

Voice web — Sistema que permite a navegação na internet por comandos de voz. Também chamado de *v-web* ou *voice internet*.

VoIP — Ver *Voice over IP*.

Voz sobre protocolo de internet — Sistema que usa a mesma tecnologia da rede mundial de computadores para comunicação de voz.

VPN-IP — Ver rede privada virtual IP.

W

W-LAN — Ver Wi-Fi.

Wafer — Lâmina de silício usada na produção de microprocessadores.

WAP — Sigla de *wireless application protocol*. Tecnologia que permite o acesso a conteúdo de internet via celular ou computadores de mão.

WDM — Sigla de *wavelength division multiplexing*. Multiplexação por divisão de comprimentos de onda. Tecnologia que multiplica a capacidade de transmissão das fibras ópticas, transmitindo vários sinais ao mesmo tempo, em diferentes comprimentos de ondas, ou cores. A tecnologia DWDM (dense WDM) tem capacidade de transmitir 500 terabits por segundo.

GLOSSÁRIO

web — Ver World Wide Web.

web services — Serviços oferecidos remotamente, para usuários ou programas ligados à web. Também chamados de *application services*.

website — Ver site.

Wi-Fi — Abreviação de *wireless fidelity*. Tecnologia de rede local sem fio, que usa espectro não-licenciado. Ou seja, não é necessária licença do governo para operar o serviço. Também conhecida como *wireless local area network* (w-LAN).

Wi-Max — Tecnologia de comunicação de dados sem fio e com longo alcance, cujo raio de cobertura pode chegar a vários quilômetros.

Wireless — Comunicação sem fio.

Wireless internet — internet com acesso sem fio.

Wireless local area network — Ver Wi-Fi.

Wireless local loop — Rede de acesso local sem fio. Tecnologia sem fio usada para a telefonia fixa. Também chamada WLL.

Wireline — Rede de comunicação cabeada.

WLL — Ver *wireless local loop*.

WMA — Sigla de *windows media audio*. Formato de áudio digital desenvolvido pela Microsoft.

World Wide Web — Teia de âmbito mundial. Sistema que organiza e conecta conteúdo da internet, permitindo a navegação por páginas de hipertexto.

WWW — Ver World Wide Web.

X

XM — Serviço americano de rádio digital via satélite.

XML — Sigla de *extensible markup language*. Linguagem usada na criação de formatos comuns para informações, para torná-las disponíveis via internet. Também conhecida pela sigla XML.

Y

Yottabyte — Abreviado como YB. Aproximadamente, 1 setilhão de bytes.

Z

Zettabyte — Abreviado como ZB. Aproximadamente, 1 sextilhão de bytes.

ESTE LIVRO FOI IMPRESSO EM PAPEL PÓLEN SOFT 80G
NA GRÁFICA CROMOSETE. SÃO PAULO, BRASIL, PRIMAVERA DE 2008.